일본인의 눈으로 본
한일문화비교 70

일본어공부를 위한 116개 문형과 예문

머리말

이 책에서는 일본인이 한국을 바라보며 느낀 한국과 일본의 문화 차이에 대해서 두서없이 소개하고 있습니다. 70가지 상황에서의 크고 작은 차이만으로 양국의 문화 전체를 이해하는 것은 어렵습니다. 그러나 사소한 차이들을 읽어가다 보면 한국과 일본의 다른 점을 발견하게 될 것입니다.

필자는 여러분에게 한국과 일본이 다르다는 사실을 전하고 싶습니다.
'왜 다를까?'
다르다는 사실 자체에 흥미를 가졌으면 합니다. 이는 한국과 일본 서로의 오해를 막고 이해를 증진시키는 첫걸음입니다.

한국과 일본은 멀리서 보면 비슷하지만 가까이에서 보면 정말 다르다고 생각합니다. 다소 추상적이지만, 잘 보면 같은 것이 다르고, 대충 보면 모두 비슷한 것이 한국과 일본의 모습입니다. 또한 서로 각자의 눈으로 보면 정말 이해하기 어려운 한국과 일본이지만, 상대의 입장에서 보면 비교적 쉽게 이해되는 한국과 일본입니다. 이는 한국과 일본이 매우 비슷하지만 너무 다르기 때문입니다.

이 책에서는 한국과 일본의 문화에 대해 학문적으로 접근하고 있지 않습니다. 독자 여러분이 그저 흥미롭게 읽어 주시면, 앞으로 한국인이 일본을 바라보는 내용도 소개하고 싶습니다.

끝으로 같이 소재를 선정하고, 내용을 기술하고, 번역해주신 집필자 선생님들과 편집에 수고해 주신 진현진 선생님에게 새삼 감사의 말씀을 전합니다.

조남성

책의 구성과 특징

35 저고리와 기모노 ❶
チョゴリと着物

❶ 제목
이번 챕터(Chapter)에서 알아볼 한국과 일본의 차이점 입니다.

❷ 4컷 만화
재미있는 4컷 만화와 현장감 있는 일본어 대사, 더불어 일본어 루비를 함께 실어 초급 학습자들도 흥미를 갖고 쉽게 읽을 수 있도록 하였습니다.

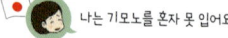

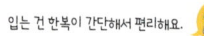

❸ 한국어 대사
일본어 대사에 상응하는 한국어 대사와 내용을 알기 쉽게 국기와 캐릭터 얼굴을 넣어 편의를 도모했습니다.

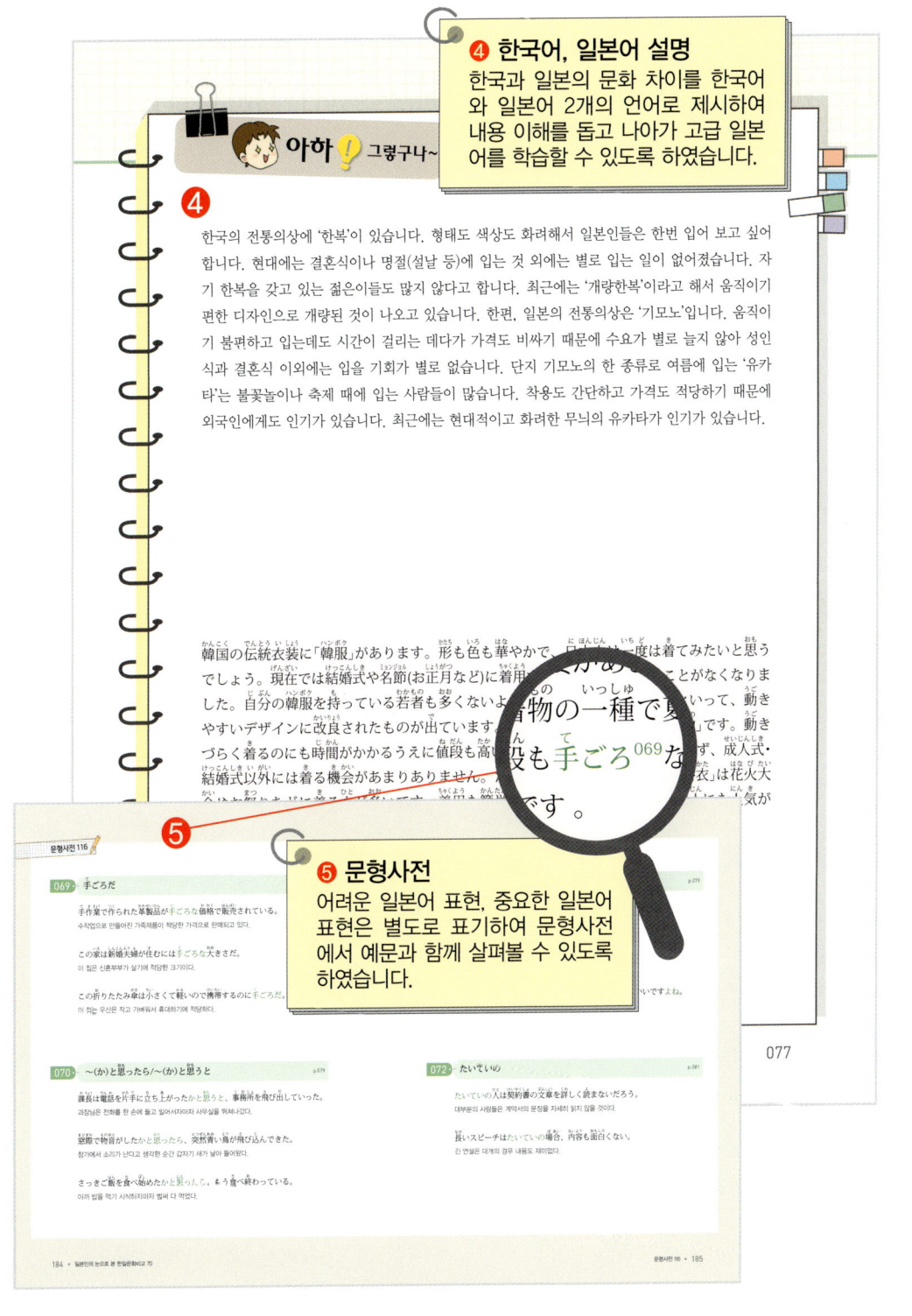

차례

- 머리말 … 2p
- 책의 구성과 특징 … 4p
- 차례 … 6p

01 한국의 배달문화는 대단해

02 초등학생 등교 가방은 각양각색

03 한국 초등학생들은 스스로 하지 않아도 돼?

04 전문 장비 차림으로 뒷산 걷기

05 초등학생도 스마트폰을 갖고 있어!

06 한국 초등학생은 별로 하지 않는 운동

07 어머? 편의점에 그게 없다니!

08 2층에 다른 가족이 살다니!?

09 한국은 Wi-Fi 천국

10 인원수는 관계없는 거야?

11 한국의 덤은 장난 아님!

12 미용사님, 알아서 해주세요!?

13 신용카드로 스마트하게 지불

14 한국에는 까마귀가 없어?

15 가게 앞에 국화!? 혹시?

16 한국의 대학입시는 거국적인 대행사

17 이런 곳에서도 야채 재배!

18 메뉴에 차 종류도 있으면 좋은데…

19 한국 대형 슈퍼의 계산대는 바쁘다!

20 스마트폰을 보면서 손님을 맞다니 말도 안 돼!

21 미용실에서 커트가 끝나면 뭐라고 말해?

22 「야자」가 뭐야?

23 사장이 아닌데 「사장님」

24 한국 사람은 속마음을 서로 철저하게 이야기한다

25 차에 휴대전화 번호가 붙어 있네?!

26 결혼식은 자유 참석?

27 생일 파티 식사비는 누가 내지?

28 손수건으로 손을 닦으면 일본 사람

29 집은 몇 평이에요?

30 커플 기념일이 잔뜩

31 여기저기 커플룩

32 한국 드라마는 이틀 밤 연속 방송?

33	패션에 민감!
34	밖에서는 두꺼운 옷, 안에서는 얇은 옷
35	저고리와 기모노
36	뭐든지 「빨리, 빨리」 신속한 한국
37	한국에는 약국이 잔뜩?
38	자동판매기 천국!
39	휴대용 티슈는 사는 것? 받는 것?
40	쾌적한 여성 전용 차량
41	바로 점멸하는 보행자용 신호
42	레이서급의 배달용 오토바이
43	장례식장이 붙어있는 병원
44	선물로 속옷?
45	그렇게 가까이 다가오지마…
46	부탁하는 방법
47	어디든지 있는 정수기
48	실물과 다를지도…
49	눈 오는 날, 우산은?
50	"가위"는 어떤 모양?
51	나 예뻐?

52	이렇게 이른 시간부터 공부하다니?
53	「사랑해요」와 「정말 좋아해요」
54	영화는 어디까지 보니?
55	2인분부터 받습니다
56	서둘러 끼니를 때울 때는
57	뷔페와 다베호다이
58	생선회 색은 흰색? 아니면 붉은색?
59	세계 제일 만능 식품
60	토마토 주스는 달다? 짜다?
61	금속으로 된 긴 젓가락
62	우리 남편은 있잖아요…
63	자리를 양보하는 젊은 사람들
64	버스로 어디든지 갈 수 있다
65	11시 방향으로 가세요
66	살짝 기쁜 커피 서비스
67	차게? 아니면 아쓰칸? 록?
68	응? 익히지 않고 먹어?
69	생일만 빠르면 오빠?
70	가게 간판에…

• 문형사전 116 … 148p

01 한국의 배달문화는 대단해
韓国のデリバリーはすごい

아하! 그렇구나~

일본 사람이 볼 때 한국의 배달문화는 '대단하다'고 밖에 할 수 없습니다. 일본에서 '배달'하면 떠오르는 것은 초밥이나 피자겠죠? 많은 사람이 모이는 파티나 행사에 배달 음식으로 많이 이용됩니다. 덮밥이나 라면, 소바 등은 옛날부터 있었던 고정 메뉴지만, 한국만큼 빈번하게 이용되진 않습니다. 한편, 한국에서는 '배달이 안되는 요리가 없다'라고 할 만큼 배달 메뉴가 풍부합니다. 중화요리는 일본처럼 '오카모치(철가방)'로 배달되는 경우가 많아서 친근감이 느껴지지만, 메뉴의 종류는 일본과 비교가 되지 않죠. 또한, 여러 가지 야채와 국이 세트로 되어 있는 보쌈과 회, 많은 반찬이 쟁반에 담겨진 상태로 배달되는 식당의 정식은 일본인이 생각하는 배달의 이미지와는 달라 신선합니다. 더구나 일본에서는 주택이나 회사 외에는 배달하지 않는 것이 일반적이지만, 한국에서는 장소만 지정하면 공원이나 행락지 같은 야외나 대학의 강의실 등에도 배달해주니 감탄스럽습니다. 또한, 심야배달은 물론이거니와 24시간 영업하는 곳도 있어 놀랍습니다. 일본에서는 밤 10시 이후의 배달은 일부에 지나지 않기 때문입니다. 한국에 유학 와서 맛있는 야식을 먹을 기회가 늘어 살이 쪘다는 얘기도 자주 들릴 정도입니다.

日本人にとって、韓国のデリバリーは「すごい」としか言いようがありません001。日本で「デリバリー」と言って思いつくのは寿司かピザでしょう。大人数が集まるパーティーや行事などで仕出し感覚で利用することが多いです。丼物やラーメン、そばなどは昔からある定番メニューですが、韓国ほどは頻繁に利用されていません。一方、韓国では「出前できない料理はない」と言っていいほど出前のメニューが豊富です。中華料理は日本と同様に「岡持ち」で運ばれてくることが多いので親近感を感じますが、メニューの多さは日本の比ではないでしょう。また、いろいろな付け合わせやスープとセットになっているポッサム(韓国風蒸し豚)や刺身、たくさんのおかずがお盆に並べられた状態で届く食堂の定食は、日本人の出前のイメージとは違うので新鮮です。さらに、日本では住宅や会社以外への出前は一般的ではありませんが、韓国では場所を指定しさえすれば002公園や行楽地などの屋外や、大学の講義室などにも出前してくれるので感心します。それに、深夜のデリバリーが特別ではないばかりか、24時間営業しているところもあることに驚きます。日本では夜10時以降のデリバリーは一部に限られているからです。韓国に留学し、おいしい夜食を食べる機会が増えて太ってしまったという話もしばしば耳にするほどです。

02 초등학생 등교 가방은 각양각색
小学生の通学かばんは多種多様

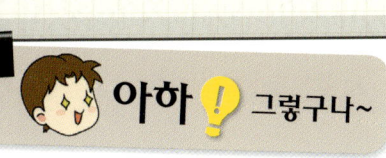

한국 초등학생들의 등교 풍경을 보고 일본과 크게 다르다고 느껴지는 부분이 바로 가방입니다. 일본의 초등학생들은 모두 란도셀이라는 가방을 등에 매고 등교합니다. 란도셀은 일본 초등학생들의 트레이드 마크입니다. 네덜란드어가 어원인 란도셀의 역사는 에도시대의 서양식 군대로 거슬러 올라갑니다. 통학에 사용하게 된 것은 메이지 18(1885)년에 개교한 가쿠슈인 초등과가 처음이라고 알려져 있습니다. 학교 측에서 지정하지 않아도 모든 아동들이 사용하기 때문에 입학 축하의 의미로 란도셀을 선물하는 것이 일반적입니다. 가격은 다양한데, 2만엔에서 5만엔 정도의 란도셀이 가게 앞에 진열되어 있고, 3만 엔대의 상품이 가장 인기가 있다고 합니다. 튼튼하고 어깨 끈의 길이와 가방의 두께 조절도 가능하기 때문에 6년간 같은 란도셀을 사용하는 아동들도 적지 않습니다. 한국에서는 그때마다 유행하는 디자인이나 캐릭터가 있고, 성장에 맞춰 바꿔 살 기회가 많죠? 한국의 다양한 종류의 가방을 보면 자유로운 인상을 받고, 초등학생들의 취향이나 개성을 느낄 수 있어 흥미롭습니다.

韓国の小学生の登校風景を見て日本との大きな違いを感じるのはかばんです。日本の小学生は一様にランドセルという背負いかばんで登校します。ランドセルは日本の小学生のトレードマークです。オランダ語を語源とするランドセルの歴史は江戸時代の西洋式軍隊に遡ります。通学に使われるようになった003のは明治18(1885)年に開校した学習院初等科が初めであったと言われています。特に学校側からの指定がなくても、ほとんどの児童が使用するので、入学祝いにはランドセルをプレゼントするのが一般的です。値段は様々ですが、2万円から5万円くらいのものが店先によく並んでいて、3万円代の商品が最も人気があるそうです。丈夫なうえに004肩紐の長さやかばんの厚みの調節もできるので、6年間同じランドセルを使う児童も少なくありません。韓国ではデザインやキャラクターの流行り廃りもあり、成長に合わせて買い換える機会が多いのではないでしょうか。韓国の多種多様なかばんを見ると自由な印象を受けますし、小学生の好みや個性が感じられておもしろいですね。

03 한국 초등학생들은 스스로 하지 않아도 돼?
韓国の小学生は自分たちでやらなくてもいいの？

[다음 주 수요일에 교실 청소와 왁스 걸레질을 해요. 참가하실 수 있는 학부모님은 연락 주세요.]

(어머? 청소는 애들이 하는 거 아냐?)

(일이 있으니까 어쩔 수 없지 뭐. 청소 정도는 애들끼리 할 수 있을 텐데…)

[죄송해요. 수요일은 일 때문에 참석하지 못 합니다.]

여보세요, 유코 엄마. 다음 주 청소 때 못 오시면 다다음 주 학예회 장식 좀 부탁드려도 될까요? 일손이 부족해서 걱정이에요.

(응? 그것도 학부형이 해야 되는 거야?!)

한국의 초등학교에 다녔던 일본인 초등학생이 '한국 초등학생들은 편해서 좋겠다'라고 생각했다고 합니다. 일본에서는 당연히 학생들이 하는 일인데 한국에서는 학생들이 하지 않아도 되는 일들이 있기 때문입니다. 그 대표적인 예가 청소와 급식 배급입니다. 일본에서는 교실은 물론, 학교내의 시설은 평소에 학생들이 분담해서 청소하고, 학기말에 대청소도 스스로 합니다. 또한, 급식은 교실에서 먹는 게 일반적이고 '급식 당번' 아동들이 운반과 배식을 합니다. 저학년들이 작업할 때는 고학년 아동들이 도우면서 가르쳐 줍니다. 이 외에도 음악회나 운동회와 같은 행사 준비나 장식도 아동들이 합니다. 모두 쉬운 작업은 아니지만, 거기에서 배우는 것도 많을 겁니다. 한국에서는 대청소나 행사 준비를 위해서 학부형이 동원되는 경우도 있고, 급식에 관해서는 최근에는 거의 식당에서 먹기 때문에 아동들이 작업할 기회가 일본보다 적은 것 같습니다. 그만큼 본분인 면학에 집중할 수 있는 환경이라고 말할 수 있을지도 모르겠습니다.

韓国の小学校に通った日本人小学生が「韓国の小学生は楽でいいなあ」と思ったそうです。日本では当然のように[005]児童がしていることなのに、韓国では自分たちでやらなくてもいいことがあったからです。その代表的なものが掃除と給食の配膳です。日本では教室はもちろん[006]、学校内の施設は児童が分担して日常的に掃除し、学期末の大掃除も自分たちで行います。また、給食は教室で食べるのが一般的で「給食当番」の児童が運搬や配膳を行います。低学年の作業は高学年の児童が手伝いながら教えてあげます。この他にも音楽会や運動会などの行事の準備や飾りつけも児童が行います。どれも楽な作業ではありませんが、そこから学ぶことも多いでしょう。韓国では、大掃除や行事の準備のために父兄が動員されることもありますし、給食に関しては最近はほとんど食堂で食べますから児童が作業をする機会が日本よりは少ないといえます。その分、本分である勉学に集中できる環境であるといえるかもしれません。

04 전문 장비 차림으로 뒷산 걷기
重装備で山歩き

登山ですか？
どちらの山へ？

ああ、あそこの山に山歩きですよ。

 등산 가세요?
어느 산으로요?

 아~ 저쪽 산에 등산가는데요.

위 아래 한벌인 등산복에 배낭, 모자에 선글라스, 손에는 등산 스틱, 그리고 등산화. 틀림없이 험한 산에 오를 거라 생각했더니 실은 하이킹 수준의 간단한 등산이라는 걸 알고 일본인들은 맥이 빠져 버립니다. 일본에는 3,776m의 후지산을 필두로 2,000m 이상의 산이 700개 가까이 있기 때문에 본격적인 등산을 즐기는 사람들이 많습니다. 일본에서 전문적인 장비를 갖추는 것은 추위나 고산병 대책이 필요한 험준한 산을 오르는 사람들입니다. 하이킹이나 뒷산에 산책하러 가는 경우에는 모자를 착용하고 편한 복장과 운동화를 선택하는 정도일 겁니다. 전용 등산복을 입고 있는 사람을 보면 일본인이라면 2,000m급의 높은 산을 목표로 하는 사람이라고 생각합니다. 또한, 엄청난 수의 등산복 전문점이나 등산하지 않을 때도 등산복을 입고 있는 사람들이 많다는 것도 한국에서만 볼 수 있는 광경입니다. 건강 증진에는 등산이 가장 좋습니다. 먼저 장비를 준비하고 겉모습을 갖춘다면 지속적으로 등산할 마음이 생길 것 같네요.

上下お揃いの登山ウェアにナップザック、帽子にサングラス、手にはスティック、そして登山シューズ。さぞかし険しい山に登るのだろうと思っていると、実は、ハイキング程度の気軽な山歩きだと知って、日本人は拍子抜けしてしまいます。日本には3,776mの富士山を筆頭に2,000m以上の山が700近くあると言われ、本格的な登山を楽しむ人が多いです。日本で専門的な装備をしているのは、寒さや高山病の対策が必要な険しい山に向かう人たちです。ハイキングや裏山に散歩に行くのなら帽子を着用して動きやすい服装や運動靴を選ぶ程度でしょう。登山専用ウェアを着ている人を見ると、日本人なら2,000m級の高い山を目指す人だと思ってしまうのです。また、登山ウェア専門店の多さや、山登り以外でも登山ウェアを着用している人が多いのも韓国ならでは[007]の光景です。健康増進に山登りは最適です。まずは装備を揃えて格好をビシッと決めれば、やる気が持続できそうですね。

05 초등학생도 스마트폰을 갖고 있어!
小学生もスマホを持っている！

ねえ、クラスにスマホ持っている子、何人いるの？

みんな持ってるよ！！

 저기, 반에 스마트폰을 가지고 있는 애들이 몇 명이니?

다 갖고 있어요!!

한국의 스마트폰 보급률은 깜짝 놀랄만하고, 특히 아이들에게까지 보급되어있는 것에는 눈이 휘둥그레집니다. 일본에서는 아직 그 정도로 보급되어 있지 않을 뿐 아니라 학교에 가지고 가는 것 자체가 금지되어 있는 곳이 대부분입니다. 한국의 초등학교에서 방과 후나 쉬는 시간에 아동들이 스마트폰으로 문자를 하거나 게임을 하는 것을 보고 일본인 아동들이 깜짝 놀랐다고 합니다. 또한, 일본의 초등학교에서는 이지메 대책으로 SNS 사용이 금지되어 있는 곳도 있습니다. 한국의 초등학교에 아이를 보냈더니 담임 선생님으로부터 SNS를 통해 연락이 와서 깜짝 놀랐다는 일본인 엄마가 있다고 합니다. 한국에서는 이미 초등학생 때부터 스마트한 생활을 누리고 있는 것 같네요.

韓国のスマホの普及には目を見張る[008]ものがあり、特に子供たちにまで普及しているのには驚きます。日本ではまだそれほど普及していないばかりか[009]、学校への持ち込み自体が禁止されているところが大部分です。韓国の小学校で放課後や休み時間に児童がスマホでチャットしたりゲームをしたりするのを見て日本人の児童がびっくりしたといいます。また、日本の学校ではいじめ対策などのためにSNSの使用が禁止されているところもあります。韓国の小学校に子供を通わせてみたら、担任の先生からSNSを通じて連絡がきてびっくりした日本人のお母さんがいたそうです。韓国では早くも小学生の頃からスマートな生活を享受しているようですね。

06 한국 초등학생은 별로 하지 않는 운동
韓国の小学生はあまりやらない運動

일본 아이들에 비해 한국 아이들은 평소에 운동을 할 기회가 적은 것 같습니다. 그래서인지 많은 일본 아이들이 쉽게 해내는 운동도 한국 아이들은 하지 못하는 경우가 많습니다. 그 대표적인 것이 '거꾸로 오르기'입니다. '거꾸로 오르기'는 발을 지면에 붙인 상태에서 철봉을 잡고 몸을 회전시키면서 철봉에 오르는 운동입니다. 성공하기 위해서는 근육도 필요하고 요령도 필요합니다. 일본에서는 체육시간에 배우기 때문에 모든 초등학생이 달성해야 할 목표로 되어 있습니다. 아마 일본인 중에 '거꾸로 오르기'를 해본 적이 없는 사람은 없을 겁니다. 할 수 있을 때까지 방과 후나 쉬는 날에 연습하는 아동들도 많고, 연습방법을 알려주는 사이트도 많이 볼 수 있습니다. 또한, 줄넘기도 학교 차원에서 실시하고 있는 학교가 많아, 2단 뛰기나 X자 뛰기를 할 수 있는 아동들도 많습니다. 또한, 수영장이 있는 초등학교가 많기 때문에 수영을 전혀 못하는 아동들은 거의 없다고 볼 수 있습니다. 한국과 일본은 분위기가 사뭇 다른 것 같습니다.

日本の子供たちに比べて、韓国の子供たちは日常的に運動する機会が少なく感じられます。そのせいか、日本人の多くの子供たちが当たり前のようにやってのけることも、韓国の子供たちはできないことが多いです。その代表的なものが「逆上がり」です。「逆上がり」とは010 足を地面につけた状態で鉄棒を握り、体を回転させながら棒に上がる運動です。成功するには筋力も必要ですし、コツもあります。日本では体育の授業でも行われていて、すべての小学生が達成すべき011 目標のようになっています。おそらく日本人で「逆上がり」をしたことがない人はいないでしょう。できるようになるまで、放課後や休みの日に練習する児童も多く、練習方法のサイトもたくさん見られます。また、縄跳びに全校あげて012 取り組んでいる学校も多く、二重飛びや交差飛びなどができる児童も珍しくありません。それに、プールがある小学校が多いので、全く泳げない児童はほとんどいないといっていいでしょう。韓国と日本は雰囲気が違うようですね。

07 어머? 편의점에 그게 없다니!
あれ？コンビニにあれがない！

❶ あ、日本と同じコンビニがある。今日のお昼はコンビニで買って済ませよう。

아, 일본이랑 똑같은 편의점이 있네. 오늘 점심은 편의점에서 사 먹을까.

❷ あ、お茶あった。

아, 차 있다.

❸ うれしいな。おにぎりもある！次はサラダ…と。

다행이다. 삼각김밥도 있네!! 다음은 샐러드… 랑.

❹ あれ？サラダは？野菜サラダ食べたいのに〜

어? 샐러드는? 야채 샐러드 먹고 싶은데〜

일본인들에게 있어서 편의점은 물건을 사는 것 이외에도 생활에 필요한 여러 가지 일을 해결할 수 있는 편리한 장소입니다. 복사와 출력, 택배 발송과 수취도 편의점에서 가능합니다. 또한, 서비스의 일환으로 거의 모든 편의점에서 화장실을 이용할 수 있게 되어 있습니다. 한국의 편의점에 화장실이 없거나 복사기가 설치되어 있지 않거나 하면 일본인들은 불편하다고 느낍니다. 그리고 일본 편의점의 부식 코너는 메뉴가 다양합니다. 200~300엔 정도의 무침이나 조림류의 반찬과 다양한 각종 야채 샐러드가 진열되어 있습니다. 도시락이나 주먹밥에 건강한 야채 샐러드를 하나 추가하는 사람들이 많은 편입니다. 한국의 편의점에는 야채 샐러드가 거의 놓여있지 않기 때문에 뭔가 좀 부족한 느낌이 든다는 일본인들의 이야기를 자주 듣습니다. 편의점의 구조는 비슷해도 서비스나 상품의 종류에는 차이가 있는 것 같네요.

日本人にとって013コンビニは買い物以外にも生活に必要な様々なことが解決できる便利な場所です。コピーやプリント、宅配便の発送や受け取りもコンビニでできます。またサービスの一環としてほとんどのコンビニでトイレが利用できるようになっています。韓国のコンビニにトイレがなかったり、コピー機が置いてなかったりすると日本人は不便に感じてしまいます。また、日本のコンビニの惣菜コーナーはメニューが豊富です。200~300円台の和え物や煮物などの副菜や多種多様な野菜サラダがずらりと並んでいます。お弁当やおにぎりにヘルシーな野菜サラダを一品加える人がたくさんいます。韓国のコンビニには野菜サラダがほとんど置いてないので物足りなく014感じるという日本人の声をよく聞きます。店構えは似ていても、サービスや品揃えには違いがあるようですね。

08 2층에 다른 가족이 살다니!?
二階に別の家族が住んでるなんて！？

어서 와. 집이 근사해. 주택 참 좋다.

안녕하세요. 외출하세요? 네, 잠깐 볼 일이 있어서.

저 사람 누구야? 동생?

아니, 위층에 사는 사람이야.

뭐? 가족이 아니라니, 대체 무슨 일이야?

아하! 그렇구나~

한국에서는 2층짜리 주택의 1층과 2층에 각각 다른 가족이 사는 경우가 드물지 않지만, 일본 사람에게 있어서는 놀랄 일입니다. 1층이 집주인이고 2층은 임대인의 가족이 사는 경우가 있고, 두 층 다 임대인이 사는 경우도 있습니다. 하나의 집처럼 보여도 밖으로 계단이 놓여 있어 각각의 생활공간은 구분되어 있습니다. 그러나 일본에서는 같은 부지의 1층과 2층 또는 양 옆의 건물에 각각 부모와 자식이 사는 '2세대 주택'은 있지만, 한국과 같은 경우는 거의 볼 수 없습니다. 대부분의 일본인들은 '하나의 집에 서로 다른 가족이 함께 살다니 신경 쓰여서 힘들지 않나?'라고 생각하는 건 아닐까요? 같은 부지내에 서로 다른 가족들과 잘 화합하며 살아갈 수 있다니 생각해 보면 참 대단한 일입니다.

韓国では二階建ての住宅の一階と二階にそれぞれ別々の家族が住んでいることは珍しいことではありませんが、日本人にとっては驚きです。一階が大家さんで二階は賃貸契約の家族だったり、両方とも賃貸契約というケースもありますね。一つの家に見えても、外階段がついていてそれぞれに生活空間は仕切られて[015]います。しかし日本では、同じ敷地内の一階と二階や、左右の建物に親と子の家族がそれぞれ暮らす「二世帯住宅」はありますが、韓国のようなケースはほとんど見られません。「一つの家に別々の家族が住むなんて[016]、気を使って大変じゃないのかな?」とたいていの日本人は思うのではないでしょうか。同じ敷地内で別の家族とも上手に折り合って暮らしていけるなんて、考えてみたらすごいことなのです。

09 한국은 Wi-Fi 천국
韓国はWi-Fi天国

한국을 방문한 일본인들은 한국은 어디서나 Wi-Fi를 사용할 수 있어서 매우 편리하다고 말합니다. 일본에서는 Wi-Fi 서비스를 계약해서 사용하는 것이 일반적입니다. 호텔의 객실이나 병원의 일부 공간에서는 패스워드를 입력하면 사용할 수 있는 경우도 있지만, 공항 같이 큰 시설 외에는 Wi-Fi를 자유롭게 사용할 수 있는 곳은 많지 않습니다. 또한, 스마트폰을 충전할 수 있는 장소도 한국에 비하면 많지 않습니다. 호텔이나 휴대전화 대리점, 대형 전자제품 대리점, 카페나 햄버거 가게 등에서 충전 서비스를 하고 있는 경우도 있지만, 확인이 필요합니다. 언제 어디서나 자유롭게 Wi-Fi를 쓸 수 있는 한국 생활에 익숙해지면, 일본에 돌아갔을 때 불편함을 느끼는 일본인도 많다고 합니다. 역시 한국은 Wi-Fi 천국입니다.

韓国を訪れた日本人は、韓国はどこでもWi-Fiが使えるのでとても便利に感じると言います。日本ではWi-Fiのサービス契約をして使用するのが一般的です。ホテルの客室や病院の一部の空間ではパスワードを入力すれば使用できる場合もありますが、空港などの大きな施設以外ではWi-Fiが自由に使えるところは多くありません。また、スマホなどの充電ができる場所も韓国に比べれば017少ないです。ホテルやキャリアショップ、家電量販店、カフェやハンバーガーショップなどで充電サービスを行っている場合がありますが、確認が必要です。いつでもどこでも自由にWi-Fiが使える韓国の生活に慣れてしまうと、日本に戻ったときに不便に感じる日本人も多いそうです。さすが018韓国はWi-Fi天国ですね。

10 인원수는 관계없는 거야?
人数は関係ないの？

 여기서 노래 부르고 갈까?

 좋아!

 아~ 2시간 신나게 노래했네. 이제 갈까?

 (한 사람당 한 시간에 15,000원이니까 4명이서 2시간이면... 120,000원인가...)

 2시간에 30,000원입니다.

 (응? 그게 다야? 어떻게 된 거지?)

한국과 일본의 서비스 요금 계산법이 다른 경우가 있습니다. 그 대표적인 예가 노래방입니다. 한국 노래방의 요금표에 '1시간 15,000원'이라고 적혀 있으면 일본인은 한 사람당 요금이라고 생각합니다. 한국에서는 인원수에 관계없이 룸 하나에 한 시간 단위로 요금을 지불하는 것이 일반적이지만, 일본에서는 1인당 요금이 30분~1시간 단위로 표시되어 있는 것이 일반적이기 때문입니다. 음료 무한 리필이나 요리 추가 서비스의 경우도 마찬가지입니다. 룸 값이 기본인 한국 노래방 요금설정 방법에 일본인들은 약간 놀라게 됩니다. 또한, 호텔이나 여관도 한국은 룸당 요금으로 계산하는 경우가 많지만 일본에서는 인원수로 요금을 계산하는 것이 일반적입니다. 여러 명이 이용할 경우에는 한국이 훨씬 이득이겠네요.

韓国と日本でサービス料金の計算方法が違うことがあります。その代表的なものがカラオケです。韓国のカラオケ店の料金表に「1時間15,000ウォン」と書いてあれば[019]、日本人は一人分の料金だと思います。韓国では人数に関係なく一室につき[020]一時間単位で料金を払うのが一般的ですが、日本では一人当たりの料金が30分〜1時間単位で表示されているのが一般的だからです。飲み放題や料理込みのプランであっても同様です。部屋代が基本の韓国のカラオケ料金設定は日本人には小さな驚きなのです。また、ホテルや旅館も、韓国は一部屋当たりの料金で計算するケースが多いですが、日本では一人当たりの料金が一般的です。大勢で利用する場合は韓国の方がずっとお得ですね。

11 한국의 덤은 장난 아님!
韓国のおまけは半端ない！

(한국 슈퍼는 처음이야. 설렌다.)

(우와~ 대박. 한 개 가격으로 2개를 살 수 있어!!)

(우와~ 끝내준다. 덤이 잔뜩 붙어 있어.)

(한국 슈퍼는 정말 이득이네!! 너무 좋아.)

물건을 사면 따라오는 서비스 상품을 '덤'이라고 하는데 한국의 '덤'은 일본인의 생각을 훨씬 뛰어넘습니다. 일본에서는 과자에 작은 장난감이 붙어 있거나 음료수에 귀여운 마스코트가 붙어 있는 경우가 있습니다. 일본 사람에게 '덤'은 메인 상품에 약간 플러스되는 작은 즐거움입니다. 그런데, 한국에서는 1+1이나 2+1과 같이 같은 상품을 하나 더 붙여주는 것을 비롯해 커피를 사면 커피 잔을, 술을 사면 라면이나 스낵과자와 같이 관련 상품이 따라오는 경우도 있습니다. 이러한 판매방법은 일본에서는 별로 볼 수 없습니다. 최근에는 이 서비스를 목적으로 한국 슈퍼에서 쇼핑을 하는 일본인 관광객도 있다고 합니다. 메인 상품에 지지 않을 정도로 큰 '덤'을 보면 한국의 후한 인심이 참 좋습니다. 점점 팬들이 늘 것 같네요.

商品を買うとそれについてくるサービス品を「おまけ」といいますが、韓国の「おまけ」は日本人の感覚をはるかに超えています。日本では、お菓子に小さなおもちゃがついていたり、ドリンクにかわいいマスコットがついていたりすることがあります。日本人にとって「おまけ」はメインの商品に少しだけプラスされる小さな楽しみです。ところが、韓国では1+1や2+1のように同じ商品がもう一つついてくるのをはじめ[021]、コーヒーを買うとコーヒーカップ、お酒を買うとラーメンやスナック菓子のように、関連商品がついてくる場合もあります。この販売方法は日本ではあまり見られません。最近は、このサービスを目当て[022]に韓国のスーパーでたくさんの買い物をして行く日本人観光客もいるそうです。メインの商品に負けないぐらいの大きな「おまけ」には韓国人の気前のよさを感じます。ますますファンが増えそうですね。

12 미용사님, 알아서 해주세요!?
美容師さん、おまかせします！？

 오래 기다리셨습니다. 어떻게 해드릴까요?
 항상 하던대로 해주세요.
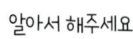 알아서 해주세요.
 네, 알겠습니다.

 알아서 해주세요.
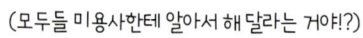 (모두들 미용사한테 알아서 해 달라는 거야!?)
 알겠습니다.

미용실에서 머리를 자를 때 미용사에게 어떻게 설명합니까? 특히 나이 드신 분들은 대략적인 길이 등을 설명하고 '알아서 해주세요'라고 하는 경우가 많은 것 같습니다. 일본인이 그런 모습을 보면 '그렇게 대충 설명해도 되나?'하고 생각할 겁니다. 일본에서는 커트하기 전에 전체 이미지와 앞, 옆, 뒷머리의 길이에 대해서 미용사가 자세하게 묻는 경우가 많습니다. 단골 미용실에서 '항상 하던 대로 해주세요'라고 말해도 일단 하나하나 확인할 겁니다. 때로는 헤어 카탈로그를 한 손에 들고 미리 상담하기도 하고 손님의 희망사항을 미용사가 이해했다는 것을 확인하고 나서 커트를 시작합니다. 그런 일본인에게 있어서 한국 미용실은 어떤 헤어스타일이 될지에 대한 기대도 하게 되고, 약간의 스릴도 있습니다. '알아서 해주세요'라는 말은 상대를 신뢰하기 때문에 사용할 수 있는 표현입니다. 한국의 미용실은 신뢰관계와 이심전심으로 이루어져있는 거겠죠.

美容院で髪をカットするとき、美容師さんにどのようにお願いしますか。特に年配の方は大体の長さなどを説明して「おまかせします」という場合が多いようですね。日本人がそれを見たら「そんな大雑把なお願いでいいのかな？」と感じるでしょう。日本ではカットする前に、全体のイメージや、前、横、後ろの長さについて023美容師から細かく聞かれることが多いです。行きつけの店で「いつものようにお願いします」といっても一応一つ一つ確認されるでしょう。時にはヘアカタログを片手に打ち合わせしたりして、客の希望を美容師が理解したことを確認してからカットに入ります。そんな日本人にとって、韓国の美容院はどんな髪型になるのか楽しみでもあり、ちょっとスリルがあったりもするのです。「おまかせします」という言葉は相手を信頼しているからこそ024使える表現です。韓国の美容院は信頼関係と以心伝心でしっかり成り立っているのですね。

13 신용카드로 스마트하게 지불
クレジットカードでスマートにお支払い

지금, 현금을 얼마 가지고 있습니까? 최근에는 신용카드만 지참하고 현금을 안 가지고 다니는 사람들도 많지 않을까요? 이미 카드 결제가 기본이 되어 있는 한국의 상황에 일본인들은 놀랍니다. 일본에서도 카드 결제가 늘고는 있지만, 아직까지는 현금 결제가 주류입니다. 슈퍼마켓이나 편의점 계산대에서도 현금이 오고 가며, 카드로 결제하는 사람들을 보는 일은 많지 않습니다. 음식점 등에서는 카드를 사용할 수 없는 곳도 있기 때문에 사전에 확인이 필요합니다. 또한, 일본에서는 상품가격에 소비세가 붙어 현금으로 지불할 때 동전이 필요합니다. 그래서 지갑과는 별도로 동전 지갑을 휴대하는 사람들이 있을 정도입니다. 한국에서는 거의 모든 가게에서 카드를 사용할 수 있고, 배달을 시켜도 카드 결제가 가능한 곳이 늘고 있습니다. 쇼핑을 신용카드로 해결할 수 있는 한국은 매우 스마트하고 편리합니다.

今、現金をいくら持っていますか。最近はクレジットカードだけを持参して現金を持ち歩かない人もいるのではないでしょうか。今やカードでの支払いが基本となっている韓国の状況に日本人は驚きます。日本でもカード払いが増えつつありますが[025]、まだ現金の支払いが主流です。スーパーやコンビニのレジでも現金をやりとりし、カードで支払う人を目にすることは多くありません。飲食店などではカードが使用できないところもあるので、事前の確認が必要です。また、日本では商品価格に消費税がつくため、現金で支払うと小銭が必要です。それで財布とは別に小銭入れを携帯している人もいるほどです。韓国ではたいていの店でカードが使えるし、出前[026]などでもカード対応しているところが増えています。お買い物がクレジットカードで済ませられる韓国は、スマートでとても便利なのです。

033

14 한국에는 까마귀가 없어?
韓国にカラスはいないの？

なんだか静かだと思ったら、カラスがいないんだな〜

(왠지 조용하다 했더니 까마귀가 없어서구나~)

최근에 까마귀를 본 적이 있습니까? 일부 지역을 제외하고는 별로 안 보이지요? 일본인이 한국에 오면 까마귀가 안 보일 뿐만 아니라 '까악까악'하고 우는 소리도 들리지 않아 신기하게 여깁니다. 일본에는 전국적으로 많은 까마귀가 있습니다. 까마귀가 많기 때문에 쓰레기를 파헤치고, 사람을 공격하고, 소음 등의 피해가 있어서 그 대책이 지역 전체에서 실시되고 있습니다. 쓰레기 봉투에 씌우는 까마귀 그물, 베란다나 밭에 설치하는 까마귀 퇴치 상품도 다양하게 판매되고 있습니다. 한국에서는 까치를 자주 볼 수 있지만, 일본에 가면 까마귀가 그 이상 많은 것에 놀랄 겁니다. 까마귀는 어느새 좋든 싫든 일본의 일상 풍경이 되었습니다. 한국에서는 영리하고 짖궂은 까마귀 때문에 애먹을 걱정은 없겠네요.

最近、カラスを見かけましたか？一部の地域を除いてはあまり見かけないのではないでしょうか。日本人が韓国に来ると、カラスの姿が見えないばかりか、「カーカー」という鳴き声も聞こえないので不思議に思います。日本にはほぼ全国的にたくさんのカラスがいます。カラスが多いので、ごみの散乱、人への攻撃、そして騒音などの被害があり、その対策が地域ぐるみで行われています。ゴミ袋に被せるカラスネットや、ベランダや畑などに設置するカラス撃退グッズもいろいろ販売されています。韓国でカササギはよく見かけますが、日本に行くとそれ以上にカラスが多いことに驚くことでしょう。カラスはいつの間にか良くも悪くも日本の日常風景の一部になっています。韓国では、賢くていたずら好きのカラスに手を焼く027心配はありませんね。

15 가게 앞에 국화!? 혹시?
店先に菊！？もしや？

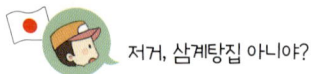

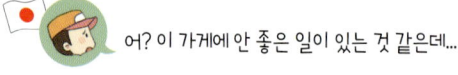

가을이 되면 한국에서는 국화 화분으로 가게 앞을 예쁘게 장식하는 식당이나 매장을 자주 보게 되는데, 일본인은 그런 풍경을 보고 위화감을 느끼는 사람들이 많습니다. 일본에서 국화와 소국은 장례식이나 법사에 바치는 이미지가 강하기 때문에 선물이나 병문안, 가게 앞을 장식하는 꽃으로서는 꺼리는 경향이 있습니다. 한국 사람에게 국화 꽃다발을 받아서 고마운 반면 좀 당황했다는 일본인도 있습니다. 특히 흰색이나 노란색 국화는 장례식이나 법사에서도 화환 형태로 자주 볼 수 있기 때문에 가게 앞에 장식되어 있으면 일본 사람들은 장례식이 연상되어 깜짝 놀라게 됩니다. 물론 개인차는 있겠지만, 많은 일본인들이 국화에 대해 품고 있는 이미지를 알아두면 좋겠죠.

秋になると韓国では菊の鉢植えで店先をきれいに飾っている食堂や店舗をよく目にしますが、それを見て違和感を抱く日本人が多いです。日本では輪菊や小菊は葬儀や法事にお供えするイメージが強いのでプレゼントやお見舞い、店先を飾る花としては敬遠される傾向があります。韓国人から菊の花束をいただいて、ありがたい反面[028]ちょっと面食らってしまったという日本人もいます。特に白や黄色の菊は葬儀や法事で花輪としてよく見かける[029]ので、店先に飾ってあると日本人はお葬式を連想してドキッとしてしまいます。もちろん個人差はありますが、菊の花に多くの日本人が抱いているイメージを知っておくとよいでしょう。

16 한국의 대학입시는 거국적인 대행사
韓国の大学入試は国を挙げての一大行事

당신, 빨리 준비 안 하면 회사에 늦어요.

오늘은 수능이라 10시까지 가면 돼.

아, 그랬었지.

굉장하네. 경찰차까지 출동하는 거예요?

대단해. 진짜 열기가 끝내준다.

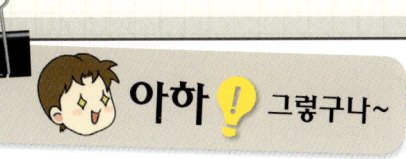

한국의 수학능력시험 풍경을 보면 그 열기에 압도되는 일본인이 많을 겁니다. 일본에도 한국의 '수능'에 해당하는 '대학입시 센터시험', 줄여서 '센터시험'이 있습니다. 매년 1월 중순 토요일과 일요일 이틀에 걸쳐서 전국에서 일제히 실시되고, 약 50만 명이 시험을 봅니다. 국어, 지리・역사, 공민, 수학, 이과, 외국어 등 6교과 30과목으로 구성되어 수험생은 지망대학이 지정하는 교과・과목을 선택해서 시험을 치릅니다. 센터 입시 후에 지망대학의 시험을 보고 합격 여부가 판정납니다. 시험 시즌이 되면 신사에 참배를 하고 합격기원 부적을 사는 사람들도 있고, 가게에는 합격과 관련된 과자나 문구 등이 적힌 상품도 진열되어 있습니다. 또한, '미끄러진다', '떨어진다' 등의 불합격을 연상시키는 말에 민감해지기도 합니다. 한국과 공통된 면도 많다고 할 수 있습니다. 그러나 '수능' 철의 한국 분위기와 문화는 일본인의 상상을 뛰어넘습니다. '수능' 당일에 출근시간을 늦추고, 지하철과 버스의 증편, 경찰차로 수험생을 수송하고 청해 시험을 배려한 경적 사용의 제한이나 비행기의 이착륙 조정 등은 일본에는 없는 일입니다. 또한 수험생의 학부형이 수험장 밖에서 기도를 올리거나 고등학교나 입시학원 후배들이 응원하는 모습은 놀랍습니다. 수험생이나 그 가족뿐 아니라 전 국민이 수험생을 위해 배려하는 모습에 한국의 높은 교육열이 느껴집니다.

韓国の修学能力試験の様子を見れば、その熱気に圧倒される日本人が多いことでしょう。日本にも韓国の「修能」に当たる「大学入試センター試験」、略して「センター試験」があります。毎年1月中旬の土日に2日間にわたって030全国一斉に行われ、約50万人が受験しています。国語、地理・歴史、公民、数学、理科、外国語の6教科30科目で構成され、受験生は志望大学が指定する教科・科目を選択して受験します。センター入試の後、志望大学の試験を受け、合否が判定されます。試験のシーズンになると、神社に参拝して合格祈願のお守りを買う人もいますし、店には合格にまつわる031お菓子や文房具などのグッズも並びます。また、「すべる」、「落ちる」などの不合格を連想させる言葉に敏感になったりもします。韓国と共通した面も多いといえます。しかし、「修能」の際の韓国の雰囲気や文化は日本人の想像を超えています。「修能」当日の出勤時間の繰り下げ032、地下鉄やバスなどの増便、パトカーによる生徒の輸送、そして、聞き取り試験に配慮した警笛使用の制限や飛行機の離着陸の調整などは、日本では行われていないことです。また、受験生の父兄が受験会場の外で祈りを捧げたり、高校や予備校の後輩たちが応援する姿には圧倒されます。受験生やその家族のみならず033、全国民が受験生のために配慮する様子に韓国の教育熱の高さを感じます。

17 이런 곳에서도 야채 재배!
こんなところでも野菜栽培！

韓国にも、お花が好きな方が多いんですね。

한국에도 꽃을 좋아하는 사람들이 많네요.

日本にも花が好きな人が多いから、道端によく花が植えられているんですよ。花があると嬉しいですよね。

일본 사람들도 꽃을 좋아하는 사람들이 많아서 길가에 꽃이 심겨 있는 것을 자주 볼 수 있어요. 꽃이 있으면 기분이 좋잖아요.

ああ、これは唐辛子と、サンチュですよ。

や、野菜だったの？すごい！！

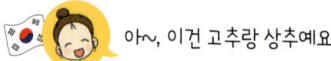 아~, 이건 고추랑 상추예요.

 야, 야채였어? 대박!!

한국에서는 일본 사람이 생각지도 못하는 곳에서 야채를 재배하고 있어 놀랄 때가 있습니다. 일본에 가면 집 정원이나 베란다는 물론 도로 쪽 공간이나 야채를 키우는 밭 주변에 꽃이 심어져 있는 것을 자주 볼 수 있어 통행하는 사람들에 대한 배려를 느끼게 해줍니다. 한국에서는 그런 장소에 작물들이 재배되고 있는 것이 더 눈에 띕니다. 도로 쪽으로 난 좁고 갈기 힘든 공간에 콩이나 고추가 심어져 있거나 화분이나 스티로폼을 이용해서 가게 앞이나 집 앞에서 작물을 키우고 있는 것을 자주 볼 수 있습니다. 일본에서는 거의 볼 수 없는 풍경입니다. 작은 공간이라도 버리지 않고 야채를 재배하다니, 한국인은 참 생활력이 강하네요.

韓国では、日本人が思いもよらぬ034ところで野菜が栽培されていて驚くことがあります。日本に行くと自宅の庭やベランダはもちろん、道路際のスペースや、野菜を育てている畑の周りに花が植えてあるのをよく見かけ、通る人への配慮を感じさせてくれます。韓国ではそういった場所に作物が植えられていることのほうが多く感じられます。道路際の狭くて耕しにくいスペースに豆や唐辛子が植えられていたり、大きなプランターや発泡スチロールを利用して店の前や軒先で作物を育てていたりするのをよく見かけます。日本ではあまり目にすることのない光景です。ちょっとしたスペースでも無駄にすることなく035野菜を栽培するなんて、韓国人はたくましいですね。

18 메뉴에 차 종류도 있으면 좋은데…
お茶系のメニューがあったらいいな…

 피자는 불고기 피자로 주세요.

 알겠습니다. 음료는 콜라로 하시겠어요?

 나는 콜라로 괜찮은데…
나는 탄산 못 마시는데. 다른 음료는 뭐가 있나요?

 콜라, 사이다, 추가 요금을 내시면 오렌지 에이드, 자몽 에이드가 있습니다.

 단 것뿐이네… 우롱차나 녹차는 없나요?

 죄송합니다. 차 종류는 없는데요.

 그럼, 그냥 물 주세요.

일본인 관광객이 한국에 와서 느끼는 당황스러운 일 중 하나가 메뉴에 차 종류가 없다는 것입니다. 일본의 편의점에 가면 녹차나 우롱차 페트병이 쭉 진열되어 있어 차를 굉장히 많이 마신다는 것을 알 수 있습니다. 일본의 햄버거 가게와 피자 전문점의 음료 메뉴판에는 우롱차나 녹차가 있습니다. 단 음료수, 탄산이나 커피를 좋아하지 않는 사람은 녹차를 주문하곤 합니다. 차 종류는 기름진 음식과의 궁합도 좋습니다. 또한 식당이나 술집의 음료 메뉴에도 반드시 우롱차가 있을 정도입니다. 한국 식당의 음료 메뉴는 콜라나 사이다로 한정된 곳이 많지요. 건강 지향의 한국에서도 음료 메뉴에 건강에 좋은 차를 추가한다면 많은 사람들이 좋아할 것 같습니다.

日本人観光客が韓国に来てちょっと面食らうのが、お茶系のドリンクメニューが見当たらないことです。日本のコンビニに行くと緑茶やウーロン茶のペットボトルがずらりと並んでいて、お茶が大変よく飲まれていることがわかります。日本のハンバーガーショップやピザ専門店のドリンクメニューにはウーロン茶やお茶があります。甘い飲み物や炭酸やコーヒーが苦手な人はよくお茶を注文します。脂っこい料理との相性036もぴったりです。また食堂や居酒屋のソフトドリンクにも必ずといっていいほどウーロン茶があります。韓国の食堂ではソフトドリンクのメニューはコーラやサイダーに決まっている037ところが多いですね。健康志向の韓国でもソフトドリンクのメニューにヘルシーなお茶を加えたら喜ばれるかもしれません。

19 한국 대형 슈퍼마켓의 계산대는 바쁘다!
韓国の大型スーパーのレジは忙しい！

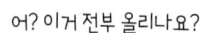 올려 주세요.

어? 이거 전부 올리나요?

헉, 계속 오네.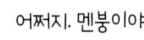

어쩌지. 멘붕이야.

 84,000원입니다.

한국의 대형 슈퍼마켓에서 물건을 산 일본인들이 계산 시스템이 달라 허둥지둥하는 경우가 있습니다. 일본의 슈퍼에서는 카트에 바구니를 싣고 사용하며, 계산대에는 바구니채로 올려놓습니다. 점원은 계산하면서 다른 바구니에 예쁘게 상품을 다시 나란히 놓습니다. 계산이 끝나면 바구니채 들고 다른 테이블로 이동해서 쇼핑백에 다시 넣어서 가지고 갑니다. 그런데 한국 슈퍼에서는 카트에서 물건을 다 꺼내어 계산대에 올려놓아야 하고 계산이 끝나고 나오는 상품들을 하나하나 집어서 카트나 쇼핑백에 넣어야 합니다. 그 사이에 결제도 끝내야 하기 때문에 이러한 시스템에 익숙하지 않은 일본인들에게는 힘든 일입니다. 아무렇지 않게 지나다니던 슈퍼마켓의 계산대였는데 사실은 꽤 힘든 작업을 어렵지 않게 해내고 있었던 겁니다.

韓国の大型スーパーで買い物した日本人が、レジのシステムが違うのであたふたしてしまうことがあります。日本のスーパーではカートに買い物籠を載せて使用し、レジには籠ごと商品を載せます。店員はスキャンしながら別の籠にきれいに商品を並べなおします。支払いが終わると籠ごと別のテーブルに移動して、ショッピングバッグなどに入れ替えて持ち帰ります。ところが韓国のスーパーでは、カートから自分で品物を取り出して台に載せ、スキャンし終わって押し出されてくる商品を一つ一つ受け取ってカートやショッピングバックに入れなければなりません。その間に支払いも済ませなければならないので、このようなシステムに慣れていない日本人には大変な作業なのです。何気なく通り過ぎていたスーパーのレジですが、実は結構大変な作業を苦もなく[038]こなしていたというわけです[039]。

20 스마트폰을 보면서 손님을 맞다니 말도 안 돼!
スマホを見ながら接客なんてありえない！

아하! 그렇구나~

한국의 편의점에서 점원이 스마트폰을 만지고 있는 것을 보고 일본인 관광객이 상당히 불쾌했다고 합니다. 일본의 편의점이나 식당에서 손님을 접대하는 점원은 손님 제일의 정신과 태도를 교육받습니다. 항상 웃는 얼굴로 인사하고 손님을 기다리게 하는 일 없이 정확하고 신속하게 계산이나 주문 작업을 해야 합니다. '어서 오세요'부터 '감사합니다'까지 손님이 기분 좋게 쇼핑할 수 있도록 접객에 집중하는 것입니다. 그래서 일본에서는 근무 중에 스마트폰은 휴대하지 않는 것이 상식입니다. 일본에서 스마트폰을 들고 손님을 접대하는 것은 생각할 수 없는 행동입니다. 이 외에도 가게의 구석이나 계산대 안이라고는 해도 손님에게 보이는 곳에서 식사나 음료를 마시는 일도 일본에서는 결코 하지 않는 행위입니다. 그래서 한국인이 생각하는 것 이상으로 불쾌하게 생각하는 일본 사람들이 많습니다. 일본인 손님이 가게에 오는 경우도 많으니 조심하는 것이 좋을 것 같습니다.

韓国のコンビニで店員がスマホをいじっているのを見て、日本人の観光客が非常に不快に感じたといいます。日本のコンビニや食堂で接客を担当する店員は、お客様第一の精神と態度を教育されます。常に笑顔で挨拶し、お客様を待たせることなく正確かつ迅速にレジや注文業務をこなすことが求められます。「いらっしゃいませ」から「ありがとうございました」まで、お客様が気持ちよく買い物できるように接客に集中するのです。ですから、日本では勤務中、スマホは携帯しないのが常識となっています。スマホ片手の接客なんて考えられない行動なのです。この他にも、店の隅やレジの中とはいえ[040]、お客さんに見えるところで食事や飲み物をとることも日本では決してしない行為です。ですから韓国人が考えている以上に不快に思う日本人が多いのです。日本人のお客様が来店することも多いですから、気をつけるに越したことはありません[041]ね。

21 미용실에서 커트가 끝나면 뭐라고 말해?
美容院でカットが終わったら、何て言う？

미용실에서 스타일링이 끝난 후에 미용사가 '어떠세요?'라고 묻죠. 그때 뭐라고 대답하세요? '좋아요'라고 대답하는 사람들이 많지 않나요? 그 말을 들으면 일본인들은 좀 어색함을 느낀다고 합니다. 한국 사람들이 자주 하는 '좋아요', '예쁘네요', '잘 어울리네요'와 같은 표현을 들으면 일본 사람들은 헤어 스타일에 대한 평가를 내리고 있는 것 같은 느낌이 듭니다. 또한 자기자신을 칭찬하는 표현이 되기 때문에 말하기가 다소 부끄럽기도 합니다. 개인차는 있겠지만 일본 사람들은 '산뜻하네요', '상쾌해요', '가벼워졌네요' 등 완곡한 표현을 사용하는 사람들이 많은 것 같습니다. 헤어 스타일에 대한 평가는 직접 말하지 않지만 미용사의 수고를 치하하면서 스타일이 마음에 든다는 것을 표현하는 방법이겠죠.

美容院でスタイリングが終了したあと美容師さんが「いかがですか」と聞きますね。そのとき、何と答えますか。「いいです」と答える人が多いのではないでしょうか。それを聞いて日本人はちょっと違和感を感じるといいます。韓国人がよく使う「いいです」、「きれいです」、「よく似合っています」などの表現を聞くと、日本人はヘアスタイルに対する評価を下しているように感じるようです。また、自分自身を褒める表現になるので、使うのが少々気恥ずかしく[042]もあるのです。個人差はありますが、日本人は「さっぱりしました」、「すっきりしました」、「軽くなりました」など、婉曲的な表現を使う人が多いようです。ヘアスタイルに対する評価は直接口にしませんが、美容師の労を労いながら、スタイルが気に入った[043]ことを表現しているのでしょう。

22 「야자」가 뭐야?
「夜自(ヤジャ)」って何(なに)？

일본인에게 '일본 고등학교에도 「야자」가 있습니까?'라고 질문하면 아마 '「야자」가 뭐야?'라고 반문할 겁니다. 일본에도 '수험 전쟁'이라는 말이 있고, 대학입시가 치열한 전쟁임에는 변함이 없습니다. 일본의 고등학생도 방과 후에 집이나 도서관, 학원 등에서 공부에 힘씁니다. 한편 동아리 활동으로 운동이나 음악 등에 집중하는 학생들도 많습니다. 2학년까지는 동아리 활동에 전념하다가 은퇴와 동시에 입시 공부를 본격적으로 시작하는 학생들도 많습니다. 그 중에는 아르바이트로 생활비를 버는 학생들도 있습니다. 방과 후의 공부 방법이나 생활방식은 한국의 고등학생보다 다양하다고 할 수 있을 겁니다. 그런 일본인들이 한국 고등학교에서 당연하게 실시되고 있는 수업 전 아침 자습이나 저녁 6시 이후부터 9시나 10시까지 교실에서 공부하는 '야간자율학습'이라는 시스템에 놀라지 않을 수 없습니다. 한국 고등학생이 교실의 책상에 앉아 있는 시간은 일본인에게는 상상도 할 수 없는 일입니다. 대학입시를 위해 노력하는 한국 고등학생의 인내력과 정신력에는 경의를 표하게 됩니다.

日本人に『日本の高校にも「夜自」がありますか？』と質問すると、おそらく『「夜自」って何？』と聞き返されるでしょう。日本にも「受験戦争」という言葉があり、大学入試が熾烈な戦いであることに変わりありません。日本の高校生も放課後、家や図書館や塾などで勉強に励みます。しかし、その一方で[044]部活動で運動や音楽などに打ち込む[045]生徒も大勢います。2年生までは部活動にいそしみ、引退と同時に入試勉強を本格的に始める生徒も多いです。中にはアルバイトで生活費を稼いでいる生徒もいます。放課後の勉強の仕方や、過ごし方は韓国の高校生よりも多様だといえるでしょう。そんな日本人は、韓国の高校では当たり前に行われている始業前の朝自習や、夕方6時半ごろから9時や10時ごろまで教室で勉強する「夜自(夜間自律学習)」というシステムには驚かされます。韓国の高校生が教室の机に向かっている時間の長さは日本人には想像を絶するものがあるのです。大学入試のために頑張る韓国の高校生の忍耐力、精神力には脱帽です。

23 사장이 아닌데「사장님」

社長じゃないけど「社長さん」

 이 가게, 몇 번 왔는데 꽤 괜찮아.

 그래요? 기대되네요.

 어서오세요. 사장님, 오늘은 사모님과 같이 오셨네요.

 (사장이라니 무슨 소리지?)

 사장님, 무엇으로 하시겠습니까?

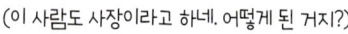 점심 정식 2개 부탁해요.

 (이 사람도 사장이라고 하네. 어떻게 된 거지?)

 당신, 샐러리맨이잖아. 사장이라니 허풍떠느라 거짓말한 거죠?

한국어를 공부하는 일본인이 이상하고 어렵다고 생각하는 것 중에 하나가 사람을 부를 때 쓰는 호칭입니다. 한국에서는 식당 등을 경영하고 있는 남성에게 손님들이 '사장'이라고 부르는 경우가 있지요. 또한, 점원이 남성 손님에게 '사장님'이라고 부르는 경우도 있습니다. 그 남성의 직위가 사장이든 아니든 관계없이 예의를 표하기 위해 '사장님'을 사용합니다. 한편 일본에서는 '사장'은 어디까지나 직위를 나타내는 말이기 때문에 사장이라는 것이 확인되지 않은 사람에게 그렇게 부르는 경우는 거의 없습니다. 또한 한국의 가게에서 젊은 여자 점원에게 여자 손님들이 '언니'라고 부르는데 나이가 많은 손님이 나이 어린 여자 점원에게 '언니'라고 하는 경우도 있지요. 그리고 비교적 연배가 높은 여성 점원에게 '이모'라고 부르는 경우도 있습니다. '언니'는 여동생이 언니를 부르는 호칭, '이모'는 엄마 쪽 여자 형제를 부르는 호칭이라고 배운 일본인은 머리가 혼란스럽습니다. 이 외에도 '아가씨', '아주머니', '학생', '총각' 등, 점원과 손님의 연령차나 가게 분위기 등에 따라 다양한 호칭이 사용되고 있습니다. 일본인들이 이것을 이해하고 습득하는 것은 극히 어려운 일입니다. 일본에서는 연령과 지위의 판단이 필요한 말은 사용을 삼가고「すみません(여기요)」,「あのう…(저기요…)」라고 부르는 것이 일반적입니다. 한국에서도 '저기요…'라는 말을 쓰기 때문에 일단 안심이지요?

韓国語を勉強している日本人にとって、不思議でもあり難しくもあることの一つが人を呼ぶ時の呼称です。韓国では食堂などを切り盛りして⁰⁴⁶いる男性にお客さんが「사장님」と呼びかけることがありますね。また、店員が男性の客に対して「사장님」と呼びかけることもあります。その男性の職位が社長であるないに関わらず⁰⁴⁷敬意を表して「사장님」を用います。一方日本では「社長」はあくまでも職位を表す言葉ですから、社長であることが確認できていない人にそう呼びかけることはほとんどありません。また、韓国のお店で若い女性店員に女性客が「언니」と呼びかけますが、年上の客が年下の女性店員に向かって「언니」というケースもありますね。さらに、比較的年配の女性店員に「이모」と声をかけることもあります。「언니」は妹が姉を呼ぶ呼称、「이모」は母方のおばの呼称であると習った日本人は、頭がこんがらがってしまうのです。この他にも「아가씨」、「아주머니」、「학생」、「총각」など、店員と客の年齢差や店の雰囲気などで、様々な呼称が使い分けられています。日本人がこれらを理解して習得するのは至難の業⁰⁴⁸なのです。日本では、年齢や地位の判断が必要な言葉を使うのは避けて、「すみません」、「あのう…」と声をかけるのが一般的です。韓国にも「저기요…」という同じような言葉があって一安心といったところでしょう⁰⁴⁹。

24 한국 사람은 속마음을 서로 철저하게 이야기한다
韓国人は本音をとことんぶつけあう

일본 사람이 볼 때 한국 사람들은 서로 속마음을 주고 받으며 끝까지 대화하려고 하는 자세가 강한 듯한 인상을 받습니다. 친구하고 싸우고 화해하고 싶으면 한국 사람들은 얼굴을 보고 때로는 술을 마시면서 속마음을 서로 터놓으려고 하는 사람들이 많습니다. 반면, 일본인은 감정적이 되면 역효과가 난다고 생각하기 때문인지 시간을 두고 안정을 되찾은 후에 해결하려는 경향이 강합니다. 또한 잠시 동안은 어색한 관계가 계속됐다고 해도 특별히 서로 이야기하지는 않지만, 어떤 계기로 다시 친해지는 경우도 있는 것 같습니다. 한국인에 비하면 시간이 해결해 줄 것을 기대하는 경향이 강한 것일 수도 있습니다. 연인과 헤어질 때도 비슷한 경향을 볼 수 있습니다. 일본에는 '자연소멸'이라는 말이 있듯이 점점 사이가 소원해지고 마음도 멀어지게 되면 '헤어집시다'라는 결과가 되는 경우가 있습니다. 한국에서는 두 사람의 다른 점 등을 서로 이야기하고 납득을 한 후에 헤어지는 경우가 많지 않을까요? 사람과 사귀는 방법은 각양각색이라 일률적으로 단정지을 수는 없지만, 한국과 일본에서는 이러한 경향의 차이가 있다는 것을 인식하고 있으면 좋을 것 같습니다.

日本人から見ると⁰⁵⁰、韓国人は本音をぶつけあってとことん話し合おうとする姿勢が強いという印象を受けます。喧嘩した友人と和解したい気持ちがあれば、韓国人は顔を合わせ、時にはお酒も交えて本音で話し合おうとする人が多いです。一方、日本人は感情的になるのは逆効果だという考え方もあってか、時間を置いて落ち着いてから解決しようとする傾向が強いです。また、しばらくは気まずい関係が続いたとしても、特に話し合うこともなく、何かのきっかけでまた親しくなるというケースもあるようです。韓国人に比べると時が解決してくれる部分に頼る傾向が強いのかもしれません。恋人と別れる際にも、同じような傾向がみられます。日本には「自然消滅」という言葉があるように、だんだんと疎遠になり、心も離れていって、「別れましょう」という結果になる場合もあるようです。韓国では二人の相違点などをお互いに話しあって納得ずくで別れるケースが多いのではないでしょうか。人との付き合い方は十人十色ですから一概には言い切れません⁰⁵¹が、韓国と日本では傾向の違いがあるということを認識しておきましょう。

25 차에 휴대전화 번호가 붙어 있네?!
車に携帯番号がついている？！

어? 내 차 못 나가겠다~

차 좀 빼 주세요~!!

죄송합니다. 금방 갈게요.

아~, 그런 거구나~

아하! 그렇구나~

'왜 차에 휴대전화 번호를 붙여 놓는거야? 그것도 이렇게 잘 보이는 곳에! 개인정보인데…' 이렇게 생각하는 일본인들이 많을 겁니다. 한국의 자동차에는 밖에서 잘 보이는 곳에 차 주인의 휴대전화 번호가 붙어 있는 경우가 있습니다. 주차가 잘못되어 있을 때 이 번호로 전화를 걸어 차를 이동해 달라고 하는 경우가 많은 것 같습니다. 일본에서는 주차위반 단속이 엄격하고 벌금도 한국의 약 3~5배(10만원~18만원 정도)이기 때문에 정해진 장소에 주차해야만 합니다. 또한 차를 구입할 때는 자동차 보관장소 증명서(차고 증명서)가 필요합니다. 이 외에 일본에서는 명함에 휴대전화 번호를 넣지 않습니다. 개인정보의 제공을 최소한으로 하려는 의식이 높은 것 같습니다.

「どうして車に携帯番号をつけておくの？それもこんなによく見えるところに！個人情報なのに…」こんな風に思う日本人が多いことでしょう。韓国の車には外からよく見えるところに持ち主の携帯番号がついていることもあります。駐車が不適切な時などに、この番号に電話をかけて車をどかしてもらう場合が多いようです。日本では駐車違反の取り締まりが厳しく罰金も韓国の約3~5倍ほど(100,000~180,000ウォン程度)なので、決められた場所に駐車せざるを得ません[052]。また車を購入する時は自動車保管場所証明書（車庫証明書）が必要です。この他、日本では名刺に携帯番号は入れません。個人情報の提供は最小限にするという意識が高いようです。

26 결혼식은 자유 참석?
結婚式は出席自由？

 받으세요...
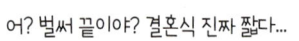 어? 벌써 끝이야? 결혼식 진짜 짧다...

사람이 이렇게나 많다니~~~! 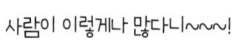  와 줘서 고마워!
 축하해~

한국의 결혼식에 참가한 일본인들이 접수처에서 식권을 받으면 우선 '어?'하고 놀라게 됩니다. 그리고 '신랑신부 입장'하고 시작한 결혼식이 불과 2, 30분만에 끝나버리는데 또다시 놀랍니다. 한국에서는 축하하고 싶은 사람은 누구나 자유롭게 결혼식에 참석할 수 있고, 결혼식 후에는 받은 식권으로 식당에 가서 식사를 합니다. 일본에서는 주로 가족과 친척들이 모여 30분 정도 신도나 불교 혹은 기독교식으로 결혼식을 올린 후에 동료나 친구들을 불러 2~3시간 피로연을 합니다. 이 피로연은 초대제라서 한 명 한 명의 자리가 정해져 있습니다. 그러므로 초대받지 않으면 피로연에는 참석할 수 없습니다. 자유롭게 누구나 참석할 수 있는 한국의 결혼식이 많은 사람들에게 축하받을 수 있어 더 좋을지도 모르겠네요.

韓国の結婚式に参加した日本人は、受付で食券を渡されてまず「えっ？」と思います。そして「新郎新婦の入場〜」と始まった式が、ものの2, 30分で終わってしまい、またまたびっくり。韓国ではお祝いしたい人は誰でも自由に式に出席でき、式のあとは食堂へ行って配られた食券で食事をします。日本では主に家族・親戚で30分ほど神前式・仏前式・教会式の結婚式を行った後に、同僚や友達を呼んで2〜3時間披露宴を行います。この披露宴は招待制で、一人一人席が決められています。ですから招待されなければ披露宴には参加できません。自由に誰でも参加できる韓国の結婚式の方がたくさんの人に祝ってもらえていいかもしれませんね。

27 생일 파티 식사비는 누가 내지?
誕生パーティーの食事代は誰が持つの？

아하! 그렇구나~

한국인 친구의 생일 파티에 초대받아 즐겁게 마시고 먹은 후 슬슬 끝날 시간. 그런데 계산은? '파티에 참석한 사람들이 나눠서 내나?'하고 생각했더니, 어쩜 생일을 맞은 주인공이 전액 부담?! 한국에서는 생일뿐 아니라 축하할 일이나 기쁜 일이 있으면 주위 사람들을 식사에 초대해서 한턱내는 습관이 있는 것 같습니다. 이것은 '기쁨을 모두 함께 나눈다', '축하해줘서 고마워'라는 의미가 담겨 있습니다. 일본에서는 생일을 맞은 사람은 오로지 선물을 받고 맛있는 요리를 대접받기만 합니다. 그 때문인지 '오늘은 내 생일인데', '나 좋은 일 있었어!'라고 스스로 먼저 다른 사람들에게 말하는 일은 한국 사람에 비해 적습니다. '기쁜 일을 모두 함께 축하한다'는 것은 멋진 일인 것 같습니다.

韓国人の友達の誕生パーティーに呼ばれて楽しく飲んだり食べたりして、そろそろお開き。さて会計は…？「パーティーに参加した人たちみんなで割り勘かな？」と思いきや053、なんと誕生日を迎えた主人公が全額負担?! 韓国では誕生日に限らず054、おめでたいことや嬉しい出来事があると周りの人たちを食事に誘っておごったりする習慣があるようです。これは、「喜びをみんなで分かち合う」、「祝ってくれてありがとう」という意味のようです。日本では誕生日を迎えた人はもっぱらプレゼントをもらったりご馳走してもらったりします。そのためか「今日は私の誕生日なの」、「私、いいことがあったのよ！」と自分から進んで人に言うことは、韓国人に比べて少ないです。「嬉しいことはみんなで祝う」ってすてきなことですね。

28 손수건으로 손을 닦으면 일본 사람
ハンカチで手を拭くのは日本人

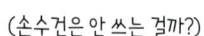
(손수건은 안 쓰는 걸까?)

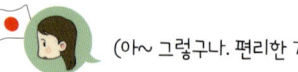
(아~ 그렇구나. 편리한 기계가 있으니까~)

역시 일본인이야~

'화장실에서 손수건을 안 써?'라며 한국에 온 일본인들은 의아하게 생각합니다. 한국에서는 화장실에서 손을 씻은 후에 탁탁 손을 털어 물기를 없애거나 화장실 휴지로 닦거나 합니다. 최근에는 건조기가 설치되어 있는 화장실도 많기 때문에 손수건으로 손을 닦는 모습은 거의 볼 수 없습니다. 일본에서는 유치원 때부터 손수건이나 휴지를 갖고 있는지 없는지 '위생체크'를 하는 경우가 많아 손수건 휴대가 상당히 정착되어 있습니다. 그래서 일본 백화점의 손수건 매장은 매우 넓은 공간을 차지하고 있습니다. 해외에서도 '손수건을 꺼내면 일본인이다'라고 할 정도로 많은 일본인이 손수건을 갖고 다니는 것 같습니다.

「トイレでハンカチは使わないの？」と、韓国へ来た日本人は不思議に思います。韓国ではトイレで手を洗った後、パッパッと手を振って水気を切ったりトイレットペーパーで拭いたりします。最近は乾燥機が備え付けられているトイレが多いので、ハンカチで手を拭く姿を目にすることはほとんどありません。日本では幼稚園の頃から、ハンカチやティッシュを持っているかなどの「衛生チェック」をすることが多く、ハンカチの携帯がかなり定着しています。それで日本のデパートのハンカチ売り場はスペースがとても広くとられています。海外でも「ハンカチを取り出し[055]たら日本人」と言われるほど、日本人はハンカチをよく持ち歩いて[056]いるようです。

29 집은 몇 평이에요?
お宅は何坪？

'집은 몇 평이에요?' 이러한 질문은 한국 사람에게는 아무렇지도 않은 질문이지만, 일본 사람에게는 매우 당황스럽습니다. 그 외에도 '어디 아파트에 사세요?', '무슨 차 타고 다녀요?', '부모님은 뭐하세요?', '남편은 무슨 회사 다니세요?', '자녀들은 무슨 대학 다녀요?' 등, 일본인들끼리는 별로 하지 않는 질문입니다. 한국에서는 '그 집의 숟가락 개수까지 알고 있다'라는 말이 있을 정도로, 친한 사이라면 상대에 대해서 뭐든지 알고 있는 것이 당연한 일이겠죠. 반면에 일본인은 오랫동안 사귀었어도 개인적인 것을 모를 때가 많습니다. 이것은 상대에 대한 평가와 관련된 내용은 굳이 묻지 않으려 신경 쓰는 경향이 있기 때문인 것 같습니다.

「お宅は何坪？」このような質問は韓国人にとっては何でもない質問ですが、日本人はとても戸惑います。この他にも「お住まいはどちらのアパート？」、「車は何に乗ってるの？」、「ご両親のお仕事は？」、「ご主人はどちらの会社にお勤め？」、「お子さんはどちらの大学？」などは日本人同士ではあまりしない質問です。韓国では「あのうちのスプーンの数まで知っている」という言葉があるほど、親しい関係であれば相手のことを何でも知っているのは当然ですね。一方、日本人は長くお付き合いがあってもプライベートなことをあまり知らないことがよくあります。これは相手の評価につながるような内容はあえて057 聞かないように気を使う058 傾向があるためのようです。

30 커플 기념일이 잔뜩
カップルの記念日がいっぱい

'100일 기념일에 빨간 장미 100송이 선물을 여자친구에게!' 아마 일본 사람들에게는 '100일 기념일'이라는 말은 감이 잘 오지 않을 겁니다. 한국에서는 커플 기념일이 매우 많고, 그중에서도 사귀기 시작한 날부터 100일 단위로 계산한 100일째, 200일째… 날에는 성대하게 축하와 선물을 합니다. 한편 일본에서는 사귀기 시작한 날 수를 계산해서 기념하는 습관은 별로 없고, 서로의 생일이나 크리스마스, 밸런타인데이에 선물을 합니다. 언제부터 사귀기 시작했는지를 확실히 모르는 커플들도 적지 않을 듯합니다. 교제를 시작하는 방법에도 양국에 차이가 있을지도 모르겠네요.

「100日目の記念日に赤いバラ100本のプレゼントを彼女に！」おそらく[059]日本人には「100日目の記念日」という言葉はピンとこない[060]でしょう。韓国にはカップルの記念日がとてもたくさんあり、中でも付き合い始めた日から100日単位でカウントした100日目、200日目…の日には、盛大にお祝いやプレゼントをします。一方、日本には付き合い始めてからの日数を記念日とする習慣はあまりないようで、お互いの誕生日やクリスマス、バレンタインデーなどに贈り物をします。いつから付き合い始めたのかはっきりわからないカップルも少なくないのでは…。お付き合いの始め方にも両国には違いがあるのかもしれませんね。

31 여기저기 커플룩
あっちもこっちもペアルック

우와~! 커플룩 천지다~

어! 김 씨, 오랜만~

어, 야마다 씨~

한국은 커플룩이 유행하나 봐.

일본은 아니야?

일본에서는 여자끼리 혹은 부모 자식 간에 옷을 맞춰 입는 게 유행하고 있어.

오~ 그렇구나.

한국의 길거리를 걷다 보면 헉! 이리 보고 저리 봐도 페어룩! 페어룩(pair look)은 일본어식 영어로 한국에서는 '커플룩'이라고 합니다. 한국에서는 거리에서 커플룩을 입은 연인들을 만날 확률이 확실히 높고 셔츠나 샌들, 속옷까지 커플룩으로 입은 커플도 있습니다. 그 대담함에 일본 사람들은 무의식 중에 움찔하고 눈을 피하게 된다고 합니다. 일본인 중에는 보는 것도 입는 것도 부끄럽다고 생각하는 사람들이 많은 것 같습니다. 최근 일본에서는 '쌍둥이 코디'라는 말이 등장해 주로 10~20대의 친한 여자친구 사이에 마치 쌍둥이처럼 옷을 맞춰 입거나 액세서리를 하는 것이 유행하고 있습니다. 또한 부모 자식간에 옷을 맞춰 입는 '부모 자식 페어룩'도 인기라고 합니다.

韓国の街を歩いているとドキッ！あっちを見てもこっちを見てもペアルック！ペアルック(pair Look)は和製英語で、韓国では「カップルルック」と言いますね。韓国では街中でこのペアルックの恋人を見かける率が断然高く、シャツやサンダル、下着までペアルックというカップルもいます。その大胆さに日本人は思わずドキッとして目をそらしてしまうとか[061]。見るのも着るのも恥ずかしいと思う人が多いようです。最近日本では「双子コーデ」という言葉が登場し、主に10~20代の仲の良い女性同士でまるで双子のようにお揃いの服やアクセサリーを身につけるのが流行っています。また、親子でお揃いのものを身につける[062]「親子ペアルック」も人気のようです。

32 한국 드라마는 이틀 밤 연속 방송?
韓国ドラマは二夜連続なの？

한국에서 월요일에 드라마를 본 일본인이 다음 주 월요일에 다음 편을 보려고 했더니 스토리 연결이 안 됐다는 에피소드가 있습니다. 한국 드라마는 월화와 같이 매주 2회 방송되는 것이 많은 반면, 일본에서는 매주 1회 방송하는 것이 보통입니다. 또한 한국 드라마는 20화를 넘는 것들이 많고 그 편수는 시청률에 좌우되는 경우가 많다고 합니다. 한 드라마의 편수도 1회분의 방송시간도 일본에 비해 깁니다. 또한 드라마 중간에 CM이 없습니다. 이것은 1974년 방송법에 의해 금지됐다고 합니다. 일본의 민영방송에서는 15분에 1번 정도 CM이 나오기 때문에 한국에서 드라마를 볼 경우 처음에는 화장실에도 가지 못해 피곤해하는 일본인들도 있습니다. 하지만 익숙해지면 중간에 CM이 나오는 일본 드라마는 흐름이 끊기는 느낌이 들어 짜증이 날지도 모르겠네요.

韓国で月曜日にドラマを見た日本人が次の週の月曜日に続きを見ようとしたら[063]話がとんでいたというエピソードがあります。韓国のドラマは月火のように週2回放送されるものが多い一方、日本では週1回放送するのが普通です。また韓国ドラマは20話を超えるものが多く、その話数は視聴率に左右されることも多々あるそうです。話数も1回の放送時間も日本に比べて長いです。またドラマの途中でCMが入りません。これは1974年に放送法で禁止されたそうです。日本の民放では15分に1回くらいCMが入りますから、韓国でドラマを見ると初めはトイレにも行けず疲れると感じる日本人もいます。でも慣れてくると日本のCM入りのドラマは流れがさえぎられる感じでいらいらしてくるかもしれませんね。

33 패션에 민감!
ファッションに敏感！

한국도 일본도 특히 젊은 사람들은 패션에 민감하지요. 그런데 한국에 온 일본인들이 놀라는 것 중에 하나가 거리를 걷는 사람들의 패션이 매우 비슷하다는 것입니다. 헤어스타일, 유행하는 브랜드의 다운 자켓 등 한번 인기에 불이 붙으면 어디를 봐도 같은 스타일일 정도입니다. 한때는 남자 고등학생이 모두 검은테 안경을 쓰고 있어서 같은 얼굴로 보였다는 이야기도 들은 적이 있습니다. 일본인들도 패션에는 민감하지만 유행을 쫓으면서도 개성을 살린 자신만의 패션을 즐기는 경향을 보이는 것 같습니다.

韓国も日本も特に若者たちはファッションに敏感ですね。ところで、韓国に来た日本人が驚くことの一つは、街を歩く人のファッションがとても似ているということです064。ヘアスタイル、流行ブランドのダウンジャケットなど一度人気に火がつくと、どこを見渡しても同じスタイルになるくらいです。一時は男子高校生がみんな黒縁のめがねをかけていて同じ顔に見えたという話も聞きます。日本人もファッションには敏感ですが、流行を追いながらも065個性を生かした自分なり066のファッションを楽しむ傾向が見られるようです。

34 밖에서는 두꺼운 옷, 안에서는 얇은 옷
外では厚着、中では薄着

겨울에 한국을 방문한 일본인들은 한국 아이들이 밖에서 너무나 두껍게 옷을 입고 있어서 깜짝 놀랍니다. 반대로 집 안에서는 바지와 셔츠 한 장만 입고 있는 것에 또 한 번 놀랍니다. 그도 그럴 것이, 한국은 밖의 온도는 매우 낮지만 집 안은 온돌이라 뜨끈뜨끈합니다. 반면 일본에서는 한겨울에도 비교적 얇은 옷차림입니다. 이것은 자연의 기온 변화에 몸을 적응시켜서 자율신경을 단련해 오히려 감기에 잘 안 걸리는 체질이 된다고 생각하기 때문입니다. 하지만 온돌이 없는 일본 집은 히터를 켜도 너무 추워서 단단히 옷을 입고 있어야 합니다. 한국인들이 집 안에서 얇은 옷을 입어도 되는 이유는 따뜻한 온돌 덕분이겠지요.

冬に韓国を訪れた日本人は、韓国の子供たちが外ではあまりにも厚着をしているのでびっくりします。逆に家の中ではパンツとシャツ一枚にさせていることにまたまたびっくりします。それもそのはず、韓国は外の気温はとても低いですが、家の中はオンドルでポカポカです。一方日本では真冬でも比較的薄着です。これは自然の気温の変化に体を慣れさせて自律神経を鍛え、かえって風邪をひきにくい体になると考えられているからです。でも、オンドルのない日本の家はヒーターを付けるものの067とても寒く、しっかり服を着なければなりません。韓国人が家の中で薄着ができるのも心地よい068オンドルのおかげでしょう。

35 저고리와 기모노
チョゴリと着物

한국의 전통의상으로 '한복'이 있습니다. 형태도 색상도 화려해서 일본인들은 한번 입어 보고 싶어 합니다. 요즘에는 결혼식이나 명절(설날 등)에 입는 것 외에는 별로 입는 일이 없어졌습니다. 자기 한복을 갖고 있는 젊은이들도 많지 않다고 합니다. 최근에는 '개량한복'이라고 해서 움직이기 편한 디자인으로 개량된 것이 나오고 있습니다. 한편, 일본의 전통의상은 '기모노'입니다. 움직이기 불편하고 입는데도 시간이 걸리는 데다가 가격도 비싸기 때문에 수요가 별로 늘지 않아 성인식과 결혼식 이외에는 입을 기회가 별로 없습니다. 다만 기모노의 한 종류로 여름에 입는 '유카타'는 불꽃놀이나 축제 때에 입는 사람들이 많습니다. 착용도 간단하고 가격도 적당하기 때문에 외국인에게도 인기가 있습니다. 최근 일본에서는 현대적이고 화려한 무늬의 유카타가 인기가 있습니다.

韓国の伝統衣装に「韓服」があります。形も色も華やかで、日本人も一度は着てみたいと思うでしょう。現在では結婚式や名節(お正月など)に着用するほかはあまり着ることがなくなりました。自分の韓服を持っている若者も多くないようです。最近は「改良韓服」といって、動きやすいデザインに改良されたものが出ています。一方、日本の伝統衣装は「着物」です。動きづらく着るのにも時間がかかるうえに値段も高いためか需要があまり伸びておらず、成人式・結婚式以外には着る機会があまりありません。ただ、着物の一種で夏に着る「浴衣」は花火大会やお祭りなどに着る人が多いです。着用も簡単で値段も手ごろ[069]なので外国人にも人気があります。最近ではモダンでカラフルな柄の浴衣が人気です。

36 뭐든지「빨리, 빨리!」신속한 한국

何でも「빨리,빨리!」、スピーディーな韓国

아하! 그렇구나~

한국에 살고 있는 외국인이 가장 먼저 배우는 한국어로 '빨리, 빨리!'가 있습니다. 한국에서는 좋은 의미든 나쁜 의미든 모든 일이 빠릅니다. 토대를 만들고 있는가 했는데 어느새 건물이 뚝딱 서 있기도 하고, 도로공사를 시작해서 우회해 가야겠다고 생각했는데 어느새 고가도로가 생겨서 아주 편해지기도 하고…. 그 밖에 각종 공사나 애프터서비스, 사고가 났을 때의 견인차 출동, 택배나 주문 등 하여튼 빠르다 빨라! 일본은 이것 저것 검토 및 확인을 하기도 하고 안전을 고려하기도 해서 '돌다리를 두들겨 보고도 좀처럼 건너지 않는다' 정도의 조심스러움이 있기 때문인지 한국에 비해 아무래도 시간이 걸립니다. 요즘 같은 시대에는 속도도 필요하겠지요!

韓国在住の外国人が一番初めに覚える韓国語に「빨리, 빨리!」があります。韓国では良くも悪くもあらゆることがスピーディーです。土台作りをしていたかと思ったら070いつの間にかビルがニョッキリ建っていたり、道路工事を始めて迂回させられたと思ったらあっという間に高架道路ができてとても便利になったり…。その他、各種の工事やアフターサービス、事故時の牽引車の出動、宅配や出前など、とにかく速い速い！日本はあれこれと検討や確認をしたり安全を考慮したりして、「石橋をたたいてもなかなか渡らない」ほどの慎重さがあるためか、韓国に比べて何かと時間がかかります。今の時代、速さも必要ですよね071！

37 한국에는 약국이 잔뜩?
韓国には薬屋がいっぱい？

와~ 한국은 정말로 약국이 많군요.

아~ 저건 약국이 아니고 교회야.

응!? 교회가 이렇게 많이?

크리스마스에는 교회 장식이 아름다워~!

오호~!

어떤 일본인이 한국의 밤거리를 보고 '이 나라는 약국이 정말 많구나~'라고 생각했다고 합니다. 그런데 사실 일본인이 본 것은 빨간색과 파란색으로 빛나는 교회 십자가였습니다. 한국은 기독교인이 인구의 약 30%입니다만, 이에 비해 일본은 약 1%로 대단히 낮아 일본에서는 교회의 십자가를 볼 일이 거의 없습니다. 그래서 길을 걷다 보면 여기저기 교회가 있는 한국 풍경에 대부분의 일본인은 무척 놀랍니다. 크리스마스가 가까워지면 한국에서는 교회마다 크리스마스를 맞이할 준비를 합니다만, 일본에서는 백화점과 상점가 등에서 거리를 화려하게 장식합니다. 크리스마스의 의미도 두 나라에서 제법 다른 듯합니다. 그리고, 일본은 한국과 달리 크리스마스가 공휴일이 아니라는 것을 알고 계시나요?

ある日本人が韓国の夜の街を見て「この国はずいぶん薬屋が多いなあ～」と思ったそうです。ところが実は彼女が見たのは赤色や青色の光を放つ教会の十字架でした。韓国はキリスト教徒の数が人口の約30％を占めますが、それに比べて日本は約1％と大変低いので、日本で教会の十字架を見ることはほとんどありません。ですから街を歩くと至る所に教会がある韓国の風景に、たいていの[072]日本人はとても驚きます。クリスマスが近づくと、韓国では教会ごとにクリスマスを迎える準備をしますが、日本ではデパートや商店街などが飾り付けをして街がにぎわいます。クリスマスの意味も両国ではかなり違うようです。ところで、日本では韓国と違ってクリスマスが祝日ではないことを知っていましたか。

38 자동판매기 천국!
自動販売機天国！

 한국에서는 언제 어디서든 따뜻한 종이컵 음료를 마실 수 있어서 좋네~!

 일본에는 없어??

 대신, 일본에는 자판기 종류가 많지~.

 예를 들면?

 아이스크림이나, 채소, 우산, 도장도…

 응? 도장까지??

자동판매기라고 하면 우선 음료 자판기를 떠올리겠지요. 한국에서는 캔이나 페트병 음료 외에도 종이컵 음료(믹스 커피 등) 자판기를 어디서든지 볼 수 있습니다. 하지만 일본에는 '응?!'이라고 생각할만한 자판기가 있어서 외국인들이 놀란다고 합니다. 식품으로는 쌀, 라면, 오뎅, 아이스크림, 채소나 과일, 계란 등. 이 밖에도 신문이나 잡지, 스마트폰 액세서리, 우산, 부적, 운세 뽑기, 생화, 분유, 기저귀, 속옷, 명함…. 신기한 자판기로는 크레이프, 자른 사과, 도장…. '도장'은 서체를 선택해서 그 자리에서 이름을 파준다고 하네요. 과연 일본은 자판기 천국이라고 불릴만하네요.

自動販売機と言えば、まずは飲料自販機を思い浮かべるでしょう。韓国では缶やペットボトル飲料の他にカップドリンク(ミックスコーヒーなど)の自販機をどこででもお見かけします。ところで日本には「えっ?!」と思うような自販機があり、外国人は驚くそうです。食品では米・ラーメン・おでん・アイスクリーム・野菜や果物・鶏卵など。そのほか新聞や雑誌・スマホアクセサリー・傘・お守り・おみくじ・生花・粉ミルクや紙おむつ・ランジェリー・名刺…。珍しい自販機としてはクレープ・カットりんご・判子…。「判子」は、書体を選んでその場で名前を彫ってくれるとか。日本が自販機天国と呼ばれるだけのことはあります[073]ね。

39 휴대용 티슈는 사는 것? 받는 것?
ポケットティッシュは買うもの？もらうもの？

'휴대용 티슈 말이에요, 사야 하나요?' 한국에 온 일본인은 자주 이런 말을 합니다. 일본에서는 거리에서 광고가 들어간 휴대용 티슈를 많이 나누어 줍니다. 일부러 돈을 내고 휴대용 티슈를 살 필요가 없을 정도입니다. 한편 한국에서는 거리에서 휴대용 티슈를 나누어주는 일이 거의 없고, 가끔 물티슈를 나누어 줍니다. 티슈는 주유소에서 사은품으로 받는 정도입니다. 그런데 이 휴대용 티슈의 크기도 한국 주유소에서 주는 것이나 슈퍼에서 파는 것은 일본보다 크고 휴대하기에는 조금 불편하다고 느끼는 일본인도 많은 것 같습니다.

「ポケットティッシュって、買わなくちゃいけないの？」韓国に来た日本人はよくこのように言います。日本では街で広告入りのポケットティッシュをよく配っています。わざわざお金を出してポケットティッシュを買う必要がないほど074です。一方、韓国では街でポケットティッシュを配っていることはほとんどなく、たまにウェットティッシュを配っていたりします。ティッシュはガソリンスタンドで粗品としてもらうくらい075です。ところで、このポケットティッシュのサイズも韓国のガソリンスタンドでくれるものやスーパーで売っているものは日本より大きく、携帯するには少し不便を感じる日本人も多いようです。

40 쾌적한 여성 전용 차량
快適な女性専用車両

출퇴근 때 혼잡한 건 한국이나 일본이나 마찬가지네요.

특히 여성은 이런 전철에 타고 싶지 않지요.

후~, 여성전용차량이 그립다...

여성전용차량??

네, 여성만 탈 수 있는 차량이 있거든요.

아~, 그거 좋네요~~

일본에서는 공공 교통기관(철도, 버스, 택시)에 여성 전용차량이 있습니다. 전철의 차량에 '여성 전용차'라는 표시가 있거나 차량 전체가 핑크색이기도 합니다. 그 역사는 1912년 '부인 전용전차'의 등장까지 거슬러 올라갑니다만, 본격적인 도입은 2000년부터입니다. 한국에서도 1992년에 아침 출퇴근 시간에만 '여성, 노인, 장애자 전용차량'이 설치되었습니다만, 어느새 유명무실해진 듯합니다. 그래서 일본의 '여성 전용차'를 본 한국인 여성은 부러워한다고 하네요. 이 '여성 전용차'를 실시하고 있는 국가는 일본 외에도 있습니다만, 성범죄나 폭력에서 여성을 보호하고자 하는 목적 이외에도 종교상의 이유에 의한 경우도 있다고 합니다.

日本では公共交通機関(鉄道車両、バス、タクシー)における [076] 女性専用車両があります。電車の車両に「女性専用車」の表示があったり、車両全体がピンク色だったりします。その歴史は1912年の「婦人専用電車」の登場にまで遡りますが、本格的な導入は2000年からです。韓国でも1992年に朝のラッシュ時に限り [077] 「女性・老人・障害者専用車両」が設置されましたが、いつの間にか有名無実化してしまったようです。それで、日本の「女性専用車」を見た韓国人女性はとてもうらやましがるとか。この「女性専用車」を実施している国は日本以外にもありますが、性犯罪や暴力から女性を保護する目的の他に、宗教上の理由による場合もあるようです。

087

41 바로 점멸하는 보행자용 신호
すぐ点滅する歩行者用信号

앗!

서둘러 서둘러!

괜찮아~

그렇게 당황해서 서두르지 않아도 되는데...

한국은 점멸 시작이 빠르구나...

'한국에서 보행자용 신호가 파란색으로 바뀌어 횡단보도를 건너기 시작했는데 곧 깜빡깜빡하고 점멸하기 시작해 당황했다'고 이야기하는 일본인이 있습니다. 그것도 그럴 것이 일본과 비교하면 점멸이 시작되는 시점이 확실히 빠른 편입니다. 일본에서는 청색 점멸이 시작된 이후에는 건너기 시작하면 안 됩니다. 보행자가 1 m/초의 속도로 걷는다고 상정하고 점멸시간 내에 도로의 반 정도를 건널 수 있도록 설정되어 있다고 합니다. 그러므로 도로 중앙까지 가지 못하고 점멸이 시작되면 다시 돌아오지 않으면 위험하다는 이야기가 됩니다. 한국과 일본에서는 청색의 점멸에서 적색으로 바뀌는 타이밍이 조금 다르므로 주의합시다.

「韓国で歩行者用信号が青に変わって横断歩道を渡り始めたら、まもなくピコンピコンと点滅が始まってしまい、慌ててしまった」と話す日本人がいます。それもそのはず、日本と比べると確かに点滅の始まりが早いのです。日本では青色の点滅が始まったら横断を始めてはいけません。歩行者が1m/秒の速度で歩くと想定し、点滅時間内に道路のほぼ半分が横断できるように設定されているそうです。ですから道路の中央まで行かずに[078]点滅が始まってしまったら戻らなければ危ないということですね。韓国と日本では青色の点滅から赤に変わるタイミングが微妙に違うので気をつけましょう。

42 레이서급의 배달용 오토바이
レーサー級の配達用バイク

한국에는 독특한 배달문화가 있습니다. 배달 종류가 많을 뿐만 아니라 그 속도도 놀랍습니다. 그 속도를 보장하는 것이 오토바이! 그런데 이런 배달의 편리함의 뒷면에는 문제도…. 속도를 추구한 나머지 운전은 꽤나 거칠고, 사고 다발이 문제가 되고 있습니다. 헬멧의 미착용, 헬멧에 장착된 휴대전화로 운전 중 통화, 신호 무시, 인도 주행 등 운전이 아주 엉망이어서 주의가 필요합니다. 일본에도 오토바이 배달은 있습니다만, 한국만큼 많지 않고 안전을 제일로 합니다. 국물이 흐르지 않도록 오토바이 뒤에는 매달 수 있는 선반이 달려있는 것도 있습니다. 안전이 제일입니다만, 바로 만들어진 따뜻한 요리를 먹기 위해서는 한국과 같은 속도도 필요하겠지요.

韓国には独特な配達(ペダル)文化があります。配達の種類の多さに加えて[079]そのスピードには驚かされます。そのスピードに一役買っているのがオートバイ！ところでこうした配達の便利さの裏には問題も…。速さを追求するあまり運転はかなり荒く、事故の多発が問題になっています。ヘルメットの未着用、ヘルメットに固定された携帯による運転中の通話、信号無視、歩道走行など、その運転はかなりめちゃくちゃなので注意が必要です。日本でもバイクによる出前はありますが、韓国ほど多くなく、安全第一の運転です。汁物がこぼれないようにバイクの後部には吊り下げ式の棚が取り付けられて[080]いるものもあります。安全第一ではありますが、出来立て熱々の料理を食べるには韓国のようなスピードも必要ですね。

43 장례식장이 붙어있는 병원
斎場付きの病院

 어라? 이 장례식장, 병원 안에 있네...

 이런 곳은 꽤 많아요.

 뭐, 합리적이긴 해도...

 일본과는 분위기가 좀 다르네요.

 그래요?

 일본에서는 되도록 울지 않으려고 하거든요.

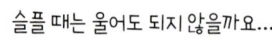 슬플 때는 울어도 되지 않을까요...

한국에서는 '○○병원 장례식장'과 같이 큰 병원에 장례식장이 있는 경우도 적지 않습니다만, 일본인은 상당히 놀라게 되는 일 중 하나입니다. 이해는 할 수 있습니다만, 일본에서는 장례식장이 화장장과 함께 있는 경우는 많습니다만, 병원과 함께 있는 경우는 없는 듯합니다. 또 한국에서는 장례식에서 통곡하는 모습을 보는 일도 자주 있고, 너무 큰소리로 울부짖는 모습에 일본인 당혹스러워하기도 합니다. 이는 우는 사람이 많을수록 개인의 덕이 높아진다고 하는 유교의 가르침과 깊게 관련된다고 생각됩니다. 일본인은 장례식에서 소리를 내어 통곡하는 일은 별로 없고, 오히려 조용한 것을 좋게 보는 경향이 있습니다.

韓国では「○○病院葬儀会場」のように、大きな病院に斎場があることが少なくありませんが、日本人にはとても驚くことの一つです。日本では斎場が火葬場と一緒になっているところは多いですが、病院と一緒にあるところはまずないようです。また韓国では葬儀で号泣する姿を見ることもよくあり、あまりにも大声で泣き叫ぶ姿に日本人は戸惑いを感じたりもします。これは泣く人が多いほど個人の徳が高くなるとされる儒教の教えに深く関わっていると思われます。日本人は葬式で声を上げて号泣することは少なく、どちらかというと[081]静かに行うことを良しとする傾向があります。

44 선물로 속옷?
プレゼントに下着？

'한국에서 선물을 받아 상자를 열어보고 깜짝 놀랐어!'라는 경험을 한 일본인이 제법 있다고 합니다. 왜냐하면 그 상자 안에서 나온 것은 놀랍게도 속옷 세트. 나중에 알게 되었습니다만, 한국에서는 친한 친구나 동료, 친척, 또는 첫 월급으로 부모님께 속옷을 선물하는 것이 흔히 있는 일이라는 것입니다. 그래서 길을 걷다 보면 속옷 전문점의 쇼윈도에 화려한 여성용 속옷이나 커플 속옷 등이 걸려 있습니다. 일본에서는 사이즈가 있는 것은 선물로 피하는 경향이 있고, 더구나 속옷 선물은 정말로 특별한 사이의 사람에게만 합니다.

「韓国でプレゼントをもらい、箱を開けてびっくりした！」と言う経験をした日本人がけっこういるようです。というのも、その箱の中から出てきたのはなんと[082]下着のセット。後でわかったことですが、韓国では親しい友達や同僚、親戚、また初任給で両親に下着をプレゼントすることがよくあるとのことです。なるほど、街を歩くとランジェリー専門店のショーウィンドウに華やかな女性用下着やペアの下着などが飾られています。日本ではサイズのあるものはプレゼントとして避ける傾向があり、ましてや[083]下着の贈り物などは本当に特別な関係の人にしかしません。

45 그렇게 가까이 다가오지마…

そんなに近寄らないで…

 오랜만이야~

 별일 없었지?

 정말, 오랜만이네~

 좀 살 빠진 거 아니야?

 점점 예뻐지는 거 같네~

 고…고마워;;;

 (이 거리감, 좀 압박감이 느껴진다;;)

 (한국인의 깊은 정을 나타내는지도…)

한국에서 운전을 할 때 한마디로 '무섭다!'고 느끼는 일이 자주 있습니다. 그 이유 중 하나로 '차간 거리'를 두지 않고 주행하는 것을 들 수 있겠지요. 그런데 '자간(者間) 거리(?)'라고나 할까요? 한국인과 이야기를 하고 있으면 사람 간의 거리가 일본에 비해 아주 가까운 것 같습니다. 일본인은 상대방과 일정 거리를 두고 이야기합니다만, 한국인과 이야기하고 있으면 점점 가까워지게 되어서 '그렇게 가까이 오지마…'라고 마음속으로 소리치면서 뒤로 물러나고 싶은 적이 있을 정도입니다. 한국은 일본보다도 물리적인 공간뿐만 아니라 사람과 사람과의 심정적 거리도 가까운 듯합니다. '자간(者間) 거리'가 가까운 것은 한국인의 깊은 정이 표현되는 방법 중 하나인지도 모르겠네요.

韓国で運転をしていると、とにかく084「怖い！」と感じることが度々あります。その理由の一つに「車間距離」をとらずに走行することがあげられるでしょう。ところで、「者間距離(?)」とでも言いましょうか、韓国人と話をしていると人と人との距離が日本に比べてかなり近いように感じます。日本人は相手と一定の距離を保って会話をしますが、韓国人と話しているとだんだん迫ってくるので「そんなに近づかないで…」と心の中で叫びながら後ずさりしたくなることがあるほどです。韓国は日本よりも物理的な空間だけでなく、人と人との心情的距離も近いように思われます。「者間距離」の近さは韓国人の情の深さの表れなのかもしれません。

46 부탁하는 방법
依頼の仕方

기무라 씨 이 번역, 오늘 중으로 부탁할 수 있을까요?

우와... 양이 엄청 많네요. 오늘 중으로는 좀 무리입니다...

괜찮아요. 기무라 씨라면 할 수 있어요!

그럼, 부탁해요~

(할 수 있는지 여부는 내가 정하는 거지...)

한국 사람은 무언가 다른 사람한테 부탁할 때 상대가 주저하고 있으면 '괜찮아요! ○○ 씨라면 할 수 있어요!'와 같은 말을 하는 경우가 있습니다. 아마도 상대방의 능력을 높이 평가하거나 신뢰하기 때문에 이렇게 부탁하는 것이겠지요. 하지만 일본인은 이런 표현에 좀 위화감을 느낀다고 합니다. 일본에서는 괜찮은지를 부탁한 사람이 정하는 것이 아니라, 부탁받은 본인이 정하는 것이므로 '수락해주실 수 있겠습니까?' 등과 같이 상대방에게 가능한지 여부를 물어보는 표현을 사용합니다. 한국식으로 '괜찮아요'라고 하는 것은 좀 부담을 느끼게 되는 부탁 방법입니다만, 받아들이기에 따라서는 '나를 믿어주고 있는 거지~'라고 좀 기뻐하게되는 경우도 있습니다.

韓国の人は何かを人に依頼をする時に、相手が返事をためらっていると「大丈夫ですよ！○○さんならできますよ！」といったような表現をすることがあります。きっと相手の能力を高く評価していたり信頼しているからこそこのような依頼をするのでしょう。でも、日本人はこうした表現に少し違和感を感じることがあるようです。日本では「大丈夫」かどうかは依頼をする人が決めることではなく依頼を受けた本人が決めることなので、「お引き受け[085]いただけるでしょうか。」などと相手にそれが可能かどうかを聞く表現を使います。韓国式の「大丈夫ですよ！」は、少し負担を感じる依頼の仕方ですが、受け取り方次第[086]では「信頼してくれているのかな～」とちょっと嬉しくなったりもします。

47 어디든지 있는 정수기
どこにでもある浄水器

 아, 물 없네. 매점 갔다 올게.
응? 복도 끝에 정수기 있잖아?

(어디든지 있어서 정말 편하네.)

식당, 병원, 학교, 은행, 백화점…. 한국에서는 어디에서든지 정수기를 볼 수 있습니다. 일본에도 정수기는 있습니다만, 보급률은 한국만큼 높지 않습니다. 한국의 학교 및 백화점에서는 대부분 각 층마다 여러 개의 정수기가 놓여 있습니다만, 일본은 한 층에 한 개, 혹은 로비 등 특정 장소에만 있는 시설도 있습니다. 또한 한국에서는 스탠드형 정수기를 사용하고 있는 곳이 많고, 일본 가정에서 흔히 보는 수도꼭지에 부착해서 사용하는 정수기는 적은 편입니다. 목이 마를 때 손쉽게 맛있는 물을 마실 수 있다는 것은 기쁜 일이지요.

食堂、病院、学校、銀行、デパート…。韓国ではどこに行っても浄水器を目にすることができます。日本にも浄水器はありますが、その普及率は韓国ほど高くはありません。韓国の学校やデパートでは階毎に複数の浄水器が置かれている所がほとんどですが、日本は１つの階に１つだったり、ロビーなど特定の場所にしかない087施設もあります。また、韓国ではスタンド型の浄水器を使用している所が多く、日本の家庭でよく見られる蛇口取り付け型のものは少ないようです。ちょっと喉が渇いた時に手軽088においしいお水が飲めるというのはうれしいことですね。

48 실물과 다를지도…
実物と違うかも…

일본인이 보면 한국 스튜디오의 수정기술은 정말 대단합니다. 한국에서 증명사진을 찍으면 거의 대부분 수정을 해줍니다. 피부를 밝게 하고, 여드름이나 점을 지우고, 눈을 크게 하고, 눈썹을 가지런하게 해주는 등 여러 가지로 수정을 해주므로 사진을 받았을 때 '내가 아닌 것 같다'고 생각하기도 하고, 일본에 있는 친구들이나 가족에게 사진을 보여주면 '이거 누구야?'라는 말을 듣기도 합니다. 일본에서도 맞선이나 결혼식 등 특별한 경우의 사진은 수정해주는 일도 있습니다만, 증명사진을 수정해주는 곳은 그렇게 많지 않을 것입니다. 미를 중시하는 한국이기 때문에 가능한 서비스인지도 모르겠네요.

日本人にとって韓国の写真屋さんの修正技術は「素晴らしい」の一言です。韓国で証明写真を撮ると、必ずといっていいほど修正をしてくれます。肌を明るく見せる、にきびやほくろを消す、目を大きくする、眉毛を整えるなど、いろいろな修正が入るので、写真を受け取ったときに「自分じゃないみたいだ」と思ったり、日本にいる友人や家族に写真を見せて「これ誰?」と言われたりすることもあります。日本でもお見合いや結婚式など特別な場合に撮る写真では修正をしてくれることもありますが、証明写真を修正してくれる店はそう多くはないでしょう。美にこだわる[089]韓国ならではのサービスかもしれませんね。

49 눈 오는 날, 우산은?
雪の日、かさは？

 아, 눈이다.

 (다행이다~ 가져와서.)

(왜 아무도 안 쓰는 거야?!)

아하! 그렇구나~

눈이 오는 날 우산을 쓰지 않는 한국인을 보고 놀라는 일본인이 많습니다. 한국에 여행 온 일본인 중에는 '왠지 갈증이 나네'라고 느끼는 사람이 많다고 합니다. 그 정도로 일본보다 한국은 건조한, 즉 습도가 낮습니다. 이를 확실하게 알 수 있는 것은 눈이 올 때입니다. 홋카이도(北海道)같은 북쪽 지역은 몰라도 도쿄(東京)나 오사카(大阪)에서는 눈이 내리면 모두 우산을 씁니다. 그러나 한국에서는 눈이 조금 올 때는 우산을 쓰지 않는 사람이 많은 듯합니다. 이것도 눈에 포함되어 있는 수분 차이가 이유인 듯합니다. 우산을 쓰지 않아도 별로 젖지 않는, 사각사각한 한국의 눈을 일본에서는 경험하지 못 할지도 모르겠네요.

雪の日にかさを差さない韓国人に驚く日本人は多いです。旅行で韓国に来た日本人の中には「なぜか喉が渇くんだよね」と感じる人が多いそうです。そのぐらい日本に比べると韓国は乾燥している、つまり湿度が低いのです。このことがはっきりとわかるのは雪が降ったときです。北海道などの北の地域はともかく090、東京や大阪では雪が降るとみんなかさを差します。しかし、韓国では少し雪が降ったぐらいではかさを差さない人が多いようです。これも雪に含まれる水分の違いが理由となっているようです。かさを差さなくてもあまり濡れない、さらさらとした韓国の雪は日本では体験できないものかもしれませんね。

50 "가위"는 어떤 모양?
「チョキ」はどんな形？

같은 가위바위보라도 일본인과 한국인의 손 모양이 다르다는 것은 놀라울 따름입니다. 일본에서는 가위바위보를 할 때「じゃんけんぽん！」이라고 합니다.「グー」가 바위,「チョキ」가 가위,「パー」가 종이(보)로, 그 의미는 한국과 거의 같습니다. 그런데 가위의 모양이 일본과 한국에서 다릅니다. 한국은 엄지와 둘째 손가락으로 가위 모양을 만듭니다만 일본은 둘째 손가락과 가운데 손가락을 펴서 가위 모양을 만들고, 엄지는 구부립니다. 같은 가위라도 손가락을 내는 방법이 다른 것은 흥미로운 것 같습니다.

同じじゃんけんでも、日本人と韓国人で出す時の手の形が違うのは、驚きの一言です。日本ではじゃんけんをする時「じゃんけんぽん！」といいます。グーが石、チョキがはさみ、パーが紙で、その意味は韓国とほぼ同じです。しかし、チョキの形が日本と韓国で異なります。韓国は親指と人差し指でチョキの形を作りますが、日本は人差し指と中指をのばしてチョキの形を作り、親指は折ったまま[091]です。同じはさみでも出し方が違うのは面白いですね。

51 나 예뻐?
私ってきれい？

(열의가 대단해…)

일본인이 보면 한국인은 자기 사진을 자주 찍어서 SNS 등에 업로드하는 것 같습니다. 한국과 일본에서 볼 수 있는 셀카봉. 스마트폰이 보급되고 나서 줄곧 그룹으로 또는 혼자서 셀카봉을 사용하여 촬영하는 모습을 많이 볼 수 있게 되었습니다. 개인차는 있습니다만, 일반적으로 보면 한국인은 일본인보다 사진 찍는 것을 좋아하는 것 같습니다. 관광지나 식당에서 셀카를 찍는 모습을 일본보다 자주 볼 수 있습니다. 텔레비전에서는 '어떻게 하면 예쁘게 셀카를 찍을 수 있을까' 라는 코너나 특집 방송을 하기도 합니다. 남녀 모두 아름다움에 관해서는 엄격하고 민감한 한국의 젊은 사람들의 단면을 나타내고 있는지도 모르겠네요.

日本人から見ると、韓国の人は頻繁に自分の写真を撮ってSNSなどにアップしているように感じられます。韓国でも日本でも見かける自撮り棒。スマートフォンが普及してからというもの[092]、グループで、または一人で自撮り棒を使って撮影する姿が多く見られるようになりました。個人によって違いはありますが、一般的に見ると、韓国人は日本人より写真が好きなようです。観光地や食堂などで自撮りをする光景は日本よりよく見られます。テレビでは「どうしたらきれいに自撮りができるか」というコーナーや特集もあります。男女とも美に関して[093]は厳しく、敏感な韓国の若者の一面が現れているのかもしれませんね。

52 이렇게 이른 시간부터 공부하다니?
こんなに早い時間から勉強するの？

(모두 어디 가는 걸까.)

(앗! 이렇게 아침 일찍부터 모두 공부한단 말이야?!)

한국의 학습열은 일본에 비해 훨씬 높고, 아침 일찍부터 공부를 열심히 하는 사람들의 모습을 많이 볼 수 있습니다. 유교 문화의 영향인지 한국에서는 사회인이 되고 난 이후에도 무언가 공부를 계속하는 사람이 많습니다. 대학생 중에도 학원을 여러 개 다니고 있는 사람들이 많습니다. 뿐만 아니라 학교나 회사가 시작되기 전 이른 아침 시간대에 학원에 다니는 사람의 비율이 일본보다 훨씬 많은 것 같습니다. 어두운 새벽부터 학원에 사람이 가득한 모습에 감동하는 일본인도 적지 않습니다. 일본에도 학원을 다니는 대학생이나 무언가를 배우러 다니는 회사원은 있습니다만, 수업이나 회사가 끝나고 난 저녁 시간에 다니는 사람이 많습니다. 이런 한국인의 부지런함과 성실함이야말로 나라를 발전시키는 원동력이겠지요.

韓国の学習熱は日本に比べてずっと高く、早朝から勉強に励む[094]人の姿が多く見られます。儒教文化の影響か、韓国では社会人となってからも何らかの勉強を続ける人が多いですね。大学生の中にもダブルスクールやトリプルスクールをしている人が多いでしょう。それだけでなく、学校や会社が始まる前の早朝の時間帯に学院に通う人の割合が日本よりずっと多いように感じられます。まだ薄暗い朝からたくさんの人で学院があふれる光景に感心する[095]日本人も少なくないようです。日本でもダブルスクールをする大学生や習い事をする会社員はいますが、授業や会社が終わった後の時間を当てる人が多いようです。このような韓国人の向上心こそが国を発展させた原動力の一つなのでしょう。

53 「사랑해요」와 「정말 좋아해요」
「サランヘヨ」と「大好きだよ」

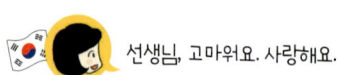
선생님, 고마워요. 사랑해요.

네, 고마워요.

선생님. 이거 학생회에서 드리는 겁니다.
언제나 감사드립니다.

네, 고마워요.

今日は「先生の日」です。
いつもありがとうございます。
先生、愛してる～
　　　　　　学生会一同

한국에 온 지 얼마 안 된 일본인은 한국인이 자주 '사랑해요'라는 말을 하는 것에 아직 익숙해지지 않는다고 합니다. '아빠 사랑해요~!'처럼 한국에서는 '사랑해요'라는 말을 자주 듣습니다. '사랑해요'를 일본어로 직역하면「愛している」입니다만, 사용법이 조금 다릅니다. 한국에서는 연인들뿐 아니라 부모 자식 간이나 친구들에게도 '사랑해요'라는 말을 하기도 하고, 카드나 메일에 쓰기도 합니다. 한편 일본에서는 '사랑해요(愛している)' 대신에 '정말 좋아해요(大好きだよ)'라는 말을 쓰는 사람이 많습니다. 같은 애정표현도 나라마다 다르다니, 재미있네요.

韓国に来たばかりの日本人は、韓国人が頻繁に「愛している」という言葉を発することになかなか慣れないようです。「아빠 사랑해요~!(お父さん、サランヘヨ)」に代表されるとおり[096]、韓国では「사랑해요」という言葉を頻繁に耳にします。「사랑해요」を日本語に直訳すると「愛している」ですが、ちょっと使い方が違います。韓国では恋人だけではなく、親子や友人に対しても「愛している」という言葉を言ったり、カードやメールに書いたりします。一方、日本では「愛している」の代わりに[097]「大好きだよ」という言葉を使う人が多いです。同じ愛情表現でも国によって違うのは面白いですね。

54 영화는 어디까지 보니?
映画はどこまで見る？

(아~, 감동!)

(빨리 나가라는 건가~?)

한국인은 일본인에 비해 영화가 끝난 후 자리에서 일어나는 타이밍이 빠릅니다. 한국 영화관에서는 영화가 끝난 후 혹은 엔딩 크레딧(end credits)이 나오기 시작하면 자리에서 일어나는 사람이 많습니다. 그리고 영화관 내 전기도 엔딩 크레딧이 끝나기 전에 켜집니다. 한편 일본에서는 엔딩 크레딧이 끝날 때까지 자리에 앉아서 영화의 여운을 즐기는 사람이 많습니다. 그래서 엔딩 크레딧이 나오기 시작하면, 영화관 내 불이 켜지거나 모두 빨리 나가버리는 것을 아쉬워하는 일본인도 있다고 합니다.

韓国人は日本人に比べて、映画館で席を立つタイミングが早いです。韓国の映画館ではストーリーが終わったら、またはエンドロール(end credits)が流れ始めたら席を立つ人が多いようです。そして、館内の電気もエンドロールが上がり切る[098]前につきます。一方、日本ではエンドロールが流れ終わるまで席に座って、映画の余韻を楽しむ人が多いです。それでエンドロールが流れ始めると館内の電気がついたり、みんながさっさと帰ってしまったりするのを残念に思う日本人もいるそうです。

55 2인분부터 받습니다

お二人分から 承ります

몇 분이세요?

이쪽으로 오세요.

2인분 이상... 먹을 수 있는 게 없어...

한국 식당에서는 2인분 이상이 아니면 주문할 수 없는 메뉴가 있어서 혼자 여행하는 외국인 여행자는 곤란한 때가 생깁니다. 김치찌개나 부대찌개 등의 전골류, 삼겹살이나 갈비 등 한국에서는 친구나 가족과 함께 불 하나를 놓고 둘러앉아 먹는 요리가 많습니다. 또한 이런 음식은 한국의 대표적인 음식으로 세계에도 잘 알려져 있습니다. 그런데 이들 메뉴는 2인분 이상이 아니면 주문하기 어려운 것도 사실입니다. 최근에는 혼자 먹을 수 있는 전문점도 많이 생겼지만, 일본에 비하면 혼자 들어갈 수 있는 가게는 적습니다. 이런 점은 한국 음식뿐만이 아닙니다. 파스타 식당에서도 〈피자1+파스타1+샐러드+음료〉와 같은 런치 세트 메뉴를 자주 봅니다. 그러나 일본에서는 이런 세트는 거의 없고, 런치 세트라고 하면 〈샐러드+음료+메뉴 1개〉를 한 명씩 주문하는 것이 대부분입니다. 같은 런치 세트라도 형태가 다른 것은 재미있네요.

韓国の食堂では二人分以上でないと注文できないメニューがあり、一人旅をしている外国人旅行者にとっては高いハードルとなっています。キムチチゲやブデチゲなどの鍋料理、サムギョプサルやカルビなど韓国では友人や家族と一つの火を囲んで食べる料理が数多くあります。またこのような料理は、韓国の代表的な料理として世界でも広く認知されています。しかし、これらのメニューは二人分以上でないと注文することが難しいのも事実です。最近は一人で食べられる専門店もありますが、日本に比べると一人で入れる店は少ないでしょう。このようなことは韓国料理だけではありません。パスタの店でも<ピザ1+パスタ1+サラダ+ドリンク>といったランチセットのメニューをよく見かけます。しかし、日本ではこのようなセットはほとんどなく、ランチセットと言えば<サラダ+ドリンク+1品>を一人ずつ頼むのが主流です。同じランチセットでも形態が違うのは面白いですね。

56 서둘러 끼니를 때울 때는
ささっと食事を済ませる時には

일본에는 있으나 한국에서는 찾아볼 수 없는 식당. 그것은 '입식 식당'입니다. 한국에서는 역 주변이나 번화가에 노점상이 많이 나와 있어서 살짝 배가 고플 때 간단하게 먹을 수 있습니다. 아쉽게도 일본에는 이런 노점상이 많지 않습니다. 대신에 어디에서나 볼 수 있는 것이 서서 먹는 입식 식당입니다. 많은 역의 플랫폼에는 입식 국수집이 있어서 전철를 기다리는 동안에 바로 메밀 국수나 우동을 먹을 수 있습니다. 역 주변에는 국수집 외에도 초밥, 스테이크 등의 입식 식당이 있어서 점심 시간에는 바쁜 회사원들로 붐빕니다. 도쿄 시내에는 몇 년 전에 비빔밥 입식 체인점이 생겨서 제법 인기가 있다고 합니다. 저렴하고 기다리는 시간 없이 먹을 수 있는 입식 식당. 여러분도 일본에서 꼭 체험해 보세요.

日本にあって、韓国では見られない食堂。それが「立ち食い(スタンド)の店」です。韓国では駅の周辺や繁華街にはたくさんの屋台が出ていて、ちょっとお腹がすいたときに手軽に食べることができます。残念ながら日本にはこのような屋台は多くありません。その代わりに至る所にあるのが立ったまま食べる立ち食いの店です。多くの駅のホームには立ち食いそば屋があって、電車を待つ間にすぐにそばやうどんを食べることができます。駅の周辺にはそば屋以外にもすし、ステーキなどの立ち食いの店があり、昼時には忙しい会社員で賑わいます。都心では数年前にビビンバの立ち食いチェーン店もでき、なかなかの人気のようです。安くて、待ち時間なしに食べられる立ち食いの店。みなさんも日本でぜひ体験してみてください。

57 뷔페와 다베호다이
ビュッフェと食べ放題

1. ケーキ뷔페 — おいしそう！
(맛있겠다!)

2. 고기 뷔페 — へえ、肉の種類が選べるんだ。
(오~, 고기 종류를 고를 수 있네.)

3. 카레 뷔페 — インドカレーにタイカレーに…。
(인도카레, 타이카레…)

4. 피자 뷔페 — ピザばっかり…。
(피자뿐이네…)

뷔페는 한국에서도 인기가 있습니다만, 일본에서도「ビュッフェ」,「バイキング」라는 이름으로 인기가 있습니다. 특히 호텔이나 디저트 뷔페는 잡지에서 특집으로 다룰 정도로 인기가 많습니다. 또한 일본에서 인기가 있는 것은「食べ放題(음식 무제한)」,「飲み放題(음료 무제한)」입니다. 일본에서는 뷔페나「食べ放題」에서 2시간, 3시간 등의 시간 제한이 있는 곳이 많습니다만,「食べ放題」는 뷔페와 비교해 보면 고기집이나 초밥집 같은 특정 메뉴의 레스토랑인 경우가 많으며, 음식을 가지러 가는 것이 아니라 제한시간 이내라면 음식이나 음료수를 앉아서 주문할 수 있는 가게입니다. 일본의 뷔페 쪽이 좀 더 세분화, 전문화되어 있는 듯합니다. 일본 여행에서「食べ放題」를 경험해 보는 것도 재미있을지도 모르겠네요.

ビュッフェは韓国でも人気がありますが、日本でも「ビュッフェ」、「バイキング」という名前で人気があります。特にホテルやスイーツのバイキングは人気で、雑誌でも特集が組まれるほどです。このほかに日本で人気なのが「食べ放題」、「飲み放題」です。日本ではビュッフェも食べ放題も2時間、3時間というように時間制限のあるところが多いですが、食べ放題はビュッフェに比べて焼肉屋やすし屋というように特定のメニューのレストランであったり、自らが料理を取りに行くのではなく、制限時間内なら料理やドリンクを座ったまま注文できる店が多いです。日本のほうがもっと細分化、専門化されているようです。日本旅行で食べ放題を経験してみるのもおもしろいかもしれませんね。

58 생선회 색은 흰색? 아니면 붉은 색?
刺身の色は白？それとも赤？

 오늘은 생선회 먹지 않을래?

 그거 좋네.

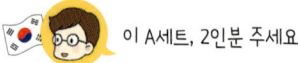 이 A세트, 2인분 주세요.

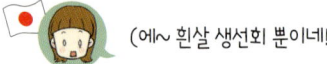 (에~ 흰살 생선회 뿐이네!)

한국인과 일본인은 '회'라는 단어에서 연상되는 색이 다른 것 같습니다. 어떤 조사에 따르면 일본인에게 인기 있는 횟감은 연어, 참치라고 합니다. 특히 참치는 「大トロ」, 「中トロ」, 「赤身」 등 부위에 따라 이름도 다르고, 일본에서는 인기 있는 생선입니다. 초밥집에서 1인분 세트를 주문해도, 슈퍼에서 생선회 팩을 사도 반드시 참치회가 들어 있습니다. 이런 일본인에게는 '회 = 붉은색'이라는 이미지가 강합니다. 물론 일본에서도 방어와 같은 흰살 생선도 인기가 있습니다만, 회라면 붉은색 생선을 떠올리는 사람이 많으므로 한국 횟집에서 흰살 생선이 압도적으로 많은 것을 보면 놀라는 사람도 있다고 합니다. 같은 생선회라도 좋아하는 생선이 달라서 떠올리는 이미지까지 다르다는 것은 놀랍네요.

韓国人と日本人では「刺身」という言葉からイメージする色が違うようです。ある調査によると[101]、日本人に人気がある刺身はサーモン、マグロだそうです。特にマグロは「大トロ」, 「中トロ」, 「赤身」など、部位によって名前も異なり、日本では人気の魚です。すし屋で一人前のセットを注文してもスーパーで刺身のパックを買っても必ずマグロが入っています。そんな日本人にとっては、「刺身＝赤」というイメージが強いようです。もちろん日本でもカンパチやハマチといった白身の魚も人気がありますが、刺身に赤身の魚のイメージを重ねる人が多いので、韓国で刺身の店に行って白身の魚が圧倒的に多いのを見ると驚く人もいるようです。同じ刺身でも好まれる魚が違うせいで[102]イメージまで違ってしまうのは驚きですね。

59 세계 제일 만능 식품
世界一の万能食品

세계유산에 등록된 김치...

찌개에도.

전에도.

볶음밥에도 김밥에도...
여러 가지 음식에 사용할 수 있습니다!

한국의 김치만큼 다양한 요리에 사용되는 식품은 전 세계적으로 드물지 않을까요? '한국이라고 하면 김치!'라고 할 정도로 김치는 한국의 대표적인 음식으로 세계에 알려져 있고, '한국 김치와 김장문화'는 유네스코 세계유산 무형문화유산에 등록되어 있습니다. 김치찌개, 김치볶음밥…. 김밥이나 만두, 전 등에도 넣어 먹으면 맛있습니다. 어떤 요리에도 들어갈 수 있는 김치는 유용한 재료입니다. 일본의 대표적인 음식이라고 하면 초밥이 주로 거론됩니다만, 초밥은 김치와 같은 다양성은 없습니다. 또한 일본에도 저장식품이 있습니다만 이것도 김치처럼 어떤 요리에나 사용할 수 있는 다양성은 없는 듯합니다. 김치는 세계적으로 자랑할 수 있는 한국 음식임에 틀림없습니다.

韓国のキムチほど様々な料理に使われる食品は世界でも珍しいのではないでしょうか。「韓国といえば[103]キムチ！」というぐらいキムチは韓国の代表的な食べ物として世界中に知られており、「韓国のキムチとキムジャン文化」はユネスコの世界遺産の無形文化遺産にも登録されています。キムチチゲ、キムチチャーハン…。のり巻きやギョーザやチヂミなどにも入れて食べるとおいしいです。どんな料理にも入れられるキムチは有用な一品です。日本の代表的な食べ物というと寿司がよくあげられますが、寿司はキムチのような多様性はありません。また、日本にも漬物がありますが、こちらもキムチのようにどんな料理にも使えるという多様性はないようです。キムチは世界に誇れる韓国の食べ物であることは間違いないでしょう。

60 토마토 주스는 달다? 짜다?
トマトジュースは甘い？しょっぱい？

 토마토 주스, 토마토 주스…
 아, 이거다!

 웩! 뭐야 이거? 달잖아!!

겉포장은 거의 같은데 한국과 일본의 토마토 주스의 맛은 전혀 다릅니다. 한국의 토마토 주스에는 설탕이 들어 있지요. 그러나 일본의 토마토 주스에는 소금이 들어 있습니다. 물론 '무염'이라고 쓰여있는 소금이 들어있지 않은 것도 있습니다만, 설탕이 들어 있는 토마토 주스는 일본에서는 찾아볼 수 없을 것입니다. 한국에 여행 온 일본인이 편의점에서 토마토 주스를 사서 한 모금 마시고 깜짝 놀랐다는 이야기를 듣곤 합니다. 같은 토마토 주스인데 맛이 전혀 다르다는 것은 놀랍네요.

パッケージはほとんど同じなのに、韓国と日本のトマトジュースの味はまったく違います。韓国のトマトジュースには砂糖が入っていますね。しかし、日本のトマトジュースには塩が入っているのです。もちろん「無塩」と書いてある、塩が入っていないものもありますが、砂糖が入ったトマトジュースには日本ではお目にかかれない[104]でしょう。旅行で韓国に来た日本人旅行者がコンビニでトマトジュースを買い、一口飲んでびっくりしたという話を耳にすることがあります。同じトマトジュースなのに味が全然違うなんて驚きですね。

61 금속으로 된 긴 젓가락
金属の長い箸

식사 매너도 일본과 한국에서 다른 점이 많습니다만, 그중 하나로 젓가락의 차이를 들 수 있습니다. 한국에서 사용하는 젓가락은 일본보다 길고 금속으로 만들어져 있습니다. 한국 시장이나 백화점에 가면 금이나 은으로 만든 다양한 젓가락이 있고, 금이나 은이 포함되는 양이나 장식에 따라 가격이 달라집니다. 일본에서는 그런 다양한 금이나 은젓가락을 볼 수 없습니다. 반면에 일본의 젓가락은 나무로 만든 것이 대부분이며, 그 종류도 다양합니다. 젓가락을 살 때는 나무 재질이나 도장(와지마 누리「輪島塗」, 와카사 누리「若狭塗」 등) 등에 따라 가격이 달라집니다. 그리고 젓가락 길이는 한국의 2/3 정도입니다. 이러한 차이는 그릇을 들고 먹는 일본과 식탁에 놓고 먹는 한국의 매너 차이에서 기인합니다. 매너에 따라 식기까지 달라진다는 것은 재미있네요.

食事のマナーにおいて[105]日本と韓国では違う点が多いですが、その中の一つとして、箸の違いがあげられます。韓国で使われる箸は日本のものより長く、金属でできています。韓国の市場やデパートへ行くと金銀の様々な箸が並んでいて、金や銀が含まれる量や装飾によって値段が違います。日本ではこのように多様な種類の金・銀の箸を見ることはできません。反面、日本の箸は木製が主流で、種類は多用だと言えるでしょう。箸を買うときは木の材質や塗装（輪島塗、若狭塗など）等で値段が異なります。そして、箸の長さは韓国の3分の2ぐらいです。このような違いは、茶碗を持って食べる日本と、テーブルにおいて食べる韓国のマナーの違いに起因しています。マナーによって[106]食器まで違ってくるのは面白いですね。

62 우리 남편은 있잖아요…
ウチの主人はね…

 우리 아들애가 말이에요, S대에 편입했어요.

 축하드립니다.

 우리집 남편은 있잖아요, H자동차에 다니고 있어서~

오~, 대단하시네요.

 오~, ○○대학 교수님이시군요. 우리 딸애가 지금 반에서 1등 성적으로~

우등생이군요.

이번에 있잖아, 우리 아들애가 수학을 1등 해서~

(벗이여, 너까지.)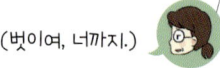

한국인은 일본인보다 자기 가족의 능력을 과시하는 경향이 있습니다. '우리 딸애가 S대학교에 합격했어', '남편이 H에 근무하고 있고', '아들애가 반에서 1등을 해서'… 이와 같이 가족이나 친척이 우수한 성적을 거두었다거나 유명한 기업에 근무하고 있다는 것을 화제에 올리는 일은 한국에서는 흔히 있는 일입니다. 그러나 일본에서는 '생각이 있는 독수리는 발톱을 감춘다(뛰어난 능력을 가지고 있는 사람은 다른 사람에게 그것을 나타내지 않는다)'라는 말이 있어서 가족이 우수할수록 자랑하면 안 된다는 가치관을 가지고 있는 사람이 많아 그런 화제를 이야기하는 사람은 적은 것 같습니다.

韓国人は日本人に比べて、自分の身内[107]の能力をはっきりと外に示す傾向があるようです。「ウチの娘がS大学に合格したの」、「主人はHに勤めていて」、「息子がクラスで1番になって」…このように家族や親戚が優秀な成績を収めたり、有名な企業に勤めたりしていることを話題に上げることは韓国ではごくありふれた[108]ことです。しかし、日本には「脳ある鷹は爪を隠す(優れた能力の持ち主は他人にそれをひけらかさない)」という言葉があり、優秀な身内を持った人ほど自慢してはいけないという価値観を持っている人が多く、そのような話題について話す人は少ないです。

63 자리를 양보하는 젊은 사람들
席を譲る若者

여기 앉으세요.

여기 앉으세요.

여기 앉으세요.

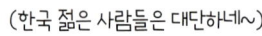

(한국 젊은 사람들은 대단하네~)

한국의 젊은 사람들이 버스나 전철에서 노인분들께 바로 자리를 양보하는 모습을 보고 감명받는 일본인이 많습니다. 한국의 전철이나 버스를 타고 있으면 젊은 사람이 노인분들께 자리를 양보하는 모습을 자주 봅니다. 노인분들이나 몸이 불편한 사람들이 탔을 때 젊은 사람들이 바로 일어나는 모습을 보면 상쾌한 느낌마저 듭니다. 근래 들어 한국에서는 자리를 양보하는 젊은 사람들이 예전보다 줄었다는 이야기도 합니다만, 그래도 일본보다는 훨씬 많은 것 같습니다. 또한 나이 드신 분들 중에서는 앉아있는 자기 앞에 짐을 들고 서있는 사람이 있으면 '짐 들어줄까요?'라며 말을 거는 사람도 있습니다. 세대를 넘어서 서로 배려하는 한국 문화가 사라지지 않고 계속되었으면 좋겠네요.

韓国の若者がバスや電車でお年寄りにすっと座席を譲る姿に感銘を受ける日本人は多いです。韓国で電車やバスに乗っていると、若い人がお年寄りに席を譲る光景がしばしば見られます。お年寄りや怪我をした人などが乗ってきた時に、若者がすっと立ち上がる姿には、清々しささえ感じます。最近の韓国では席を譲る若者が昔<u>よりずっと</u>[109]減ったという声も聞きますが、それでも日本よりはずっと多いように思われます。また、年配の人の中には、座っている自分の前に荷物を抱えて立っている人がいると「その荷物持ちましょうか」と<u>声をかける</u>[110]人もいます。年代を超えてお互いを思いやる韓国の文化が消えることなくずっと続いていくといいですね。

64 버스로 어디든지 갈 수 있다
バスで行けない場所はない

한국은 일본보다 버스를 좀 더 많이 이용합니다. 전철의 막차보다 버스의 막차시간이 빠른 일본에서는 상상할 수 없을 정도로 한국에서는 늦은 시간까지 버스가 운행되며, 또한 노선이 촘촘하게 펼쳐져 있습니다. 마을버스같이 교통의 본선에서 떨어져 있는 지역 구석까지 다니는 버스도 있으므로, 한국에서 버스가 가지 않는 지역은 없다고 할 수 있지 않을까요? 특히 서울은 버스 운행 구간에 따라 녹색, 청색, 적색으로 색상이 다르고 또한 노선번호가 붙어있으므로 한국어를 잘 모르는 외국인도 이용하기 편리합니다. 심야버스도 일본보다 훨씬 저렴한 가격으로 이용할 수 있고 일본보다 늦은 시간까지 운행하고 있습니다. 밤에 좀 늦어져도 공공 교통기관을 이용하여 귀가할 수 있어서 안심이네요.

韓国は日本に比べてバスが活発に利用されています。終電より終バスの時間が早い日本では考えられないほど遅い時間まで韓国ではバスが走っています。そして路線網が細かく張り巡らされています。マウルバスのように交通の動脈から離れた地域を網羅するバスもあり、韓国でバスがカバーしていない地域はないといえるのではないでしょうか。特にソウルはバスの運行区間によって、緑、青、赤と色分けがされているだけでなく、路線に番号がついているので、韓国語があまりわからない外国人でも利用できます。深夜バスも日本よりずっと安い値段で利用でき、日本より遅い時間まで運行しています。夜の帰宅が多少遅くなっても公共の交通機関を利用して帰れるのは安心ですね。

65 11시 방향으로 가세요
11時の方向に曲がってください

다음 교차로에서 왼쪽 사선 방향입니다.

5분 전에 진도 4의 지진이 발생했습니다.

한국에도 일본에도 있는 내비게이션입니다만, 안내하는 방식에는 약간 차이가 있습니다. 예를 들어 길을 사선 방향으로 들어갈 때 한국에서는 '다음 교차로에서 11시 방향으로~'와 같이 시곗바늘에 비유해서 방향을 나타냅니다. 한편 일본에서는 '다음 교차로에서 왼쪽 사선 방향입니다'와 같이 '오른쪽 사선, 왼쪽 사선'과 같은 표현으로 안내합니다. 또한 지진정보에 대응하고 있는 내비게이션이 많은 것도 일본의 특징일지도 모릅니다. 같은 기계라도 나라에 따라 표현이나 기능이 다른 것은 재미있는 것 같습니다.

韓国にも日本にもあるカーナビですが、そのアナウンスの言い方にはちょっとした違いがあります。例えば道をななめに入っていくとき、韓国では「次の交差点を11時の方向に〜」のように、時計の針に例えて方向を示します。一方、日本では「次の交差点をななめ左方向です」のように「ななめ右・左」という表現でアナウンスします。また、地震情報に対応しているカーナビが多いのも日本の特徴かもしれません。同じ機械でも国によって表現や機能が違うのは面白いですね。

66 살짝 기쁜 커피 서비스
ちょっとうれしいコーヒーサービス

한국의 식당에는 입구 쪽에 식후에 마실 수 있는 커피 자동판매기가 있습니다만, 일본에서는 이런 식당은 찾아볼 수 없습니다. 자동판매기이지만 무료로 제공되는 식당이 많고, 식후에 종이컵 절반 정도의 믹스커피나 원두커피를 식당 안에서 마실 수 있습니다. 또한 식당 계산대 근처에는 사탕이 놓여져 있어서 이것도 무료로 가져갈 수 있습니다. 한국에 오래 살고 있는 일본인 중에서는 이 습관에 익숙해져서 일본에 돌아갔을 때 '식후에 그 믹스커피를 마시고 싶다'고 그리워하는 사람도 있다고 합니다. 일본에는 없는 이런 서비스를 받으면 일본인 입장에서는 참으로 기쁜 일입니다.

韓国の食堂は入り口付近に食後にちょっと飲めるようにとコーヒーの自動販売機が置かれていますが、日本ではこのような店は見かけません。自動販売機といっても無料で提供している店も多く、食後に紙コップ半分ほどのミックスコーヒーやアメリカンを店内で飲むことができます。また食堂のレジ付近にキャンディが置かれていて、これも無料でもらえます。韓国に長く住んでいる日本人の中には、この習慣に慣れてしまい、日本に戻ったときに「食後にあのミックスコーヒーが飲みたい」と懐かしく感じる人もいるそうです。日本にはないこのようなサービスは日本人からしたら[111]うれしいものです。

67 차게? 아니면 아쓰칸? 록?
冷？それとも熱燗？ロック？

 아쓰칸 하나요.

 알겠습니다.

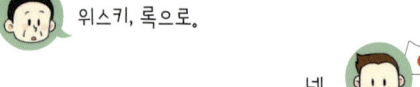 위스키, 록으로. 네.

 (록?)

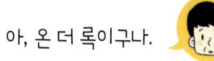 아, 온 더 록이구나.

아하! 그렇구나~

술 마시는 방법은 한국과 일본에서 다른 부분이 많고, 일본에는 한국에 없는 술 마시는 방법이 있습니다. 예를 들면 일본에서 위스키나 소주를 마실 때는 「水割り(미즈와리)」와 「ロック(록)」의 두 가지 방법이 있습니다. 「水割り(미즈와리)」는 술에 물을 넣어서 희석한 것이고, 「ロック(록)」은 술에 얼음을 넣어서 마시는 것입니다. 한국에서도 위스키는 온 더 록으로 마시는 경우도 있습니다. 일본의 대표적인 술인 니혼슈(사케)에도 차갑게 마시는 「冷(히야)」와 따뜻하게 마시는 「熱燗(아쓰칸)」이 있습니다. 추운 겨울에 오뎅이나 전골요리와 함께 마시는 술로 아쓰칸은 인기가 있습니다. 또 일본인은 술자리에서 주문할 때 '우선 맥주(とりあえずビール)'라고 말하는 사람이 대부분으로 처음에는 맥주부터라는 분위기가 있습니다. 같은 술이라도 마시는 방법이 다른 것은 재미있네요.

お酒の飲み方は韓国と日本で異なる部分が多く、日本には韓国にはない飲み方があります。例えば日本でウイスキーや焼酎を飲むときには、水割りとロックの二通りの飲み方があります。水割りはお酒に水を入れて薄めたもの、ロックはお酒に氷を入れて飲むものです。韓国でもウィスキーはオンザロックで飲むこともあります。日本の代表的なお酒である日本酒にも冷たいまま飲む「冷」と温めて飲む「熱燗」があります。寒い冬におでんや鍋料理と一緒に飲むお酒として熱燗は人気があります。また、日本人はお酒の席で注文するときに「とりあえずビール」と言う人が大半で、最初のお酒はビールからという雰囲気があります。同じお酒でも飲み方が違うのは面白いですね。

68 응? 익히지 않고 먹어?
えっ、生で食べるの？

과일 들어요. 밤이 맛있어요.

아, 고마워요.

(밤을 생으로 먹는 건 처음이야.)

아~ 수다를 떨었더니 배가 고프네. 고구마라도 먹을까요?

아, 고마워요.

(고구마도 생으로? 배탈 나는 거 아냐?)

일본에서는 생으로 먹을 수 있다고 생각하지 못했던 것을 한국에서는 익히지 않고 먹어서 일본인이 놀라는 일이 있다고 합니다. 한국에서는 밤이나 고구마를 생으로 먹습니다만, 일본에서는 익혀서 먹습니다. 밤은 삶거나 구워서, 고구마는 찌거나 구워서 먹는 것이 일반적입니다. 한국인 친구가 '이거 먹어'라고 권해서 속으로는 놀라고 '어쩌지'하고 떨면서도 거절을 못하고 먹어본 경험이 있는 일본인이 적지 않다고 합니다. 또한 일본에서는 오이나 당근은 안주나 샐러드로 먹을 때 생으로 먹습니다만, 반찬으로는 생으로 먹지 않습니다. 마른 멸치도 생으로는 먹지 않습니다. 같은 재료라도 한국과 일본에서 먹는 방법이 다른 것은 재미있네요.

日本では生で食べられるとは思われていなかったものが韓国では生で食べられていて、日本人を驚かせることがあるようです。韓国では栗やサツマイモを生で食べますが、日本では火を通して食べます。栗はゆでるか焼くか、サツマイモは蒸かすか焼くかして食べるのが一般的です。韓国人の友達に「どうぞ」と勧められて、内心はおっかなびっくり、どうしよう…と思いながらもそうは言えず、おそるおそる食べてみたという経験のある日本人が少なくないようです。また、日本ではにんじんやきゅうりはつまみやサラダとしては生で食べますが、おかずとしては生では食べません。煮干しも生では食べないでしょう。同じ食べ物でも韓国と日本で食べ方が違うなんて面白いですね。

143

69 생일만 빠르면 오빠?
誕生月が早いだけなのにオッパ?

 유리 씨는 몇 년생?
 1996년입니다.
 아, 그럼 나랑 같네.
 그래요?

 그럼 몇 월생?
 10월인데요.
 (5월 생) 그럼 내가 오빠네.

한국과 일본은 서양보다 나이를 따지는 문화입니다만, 한국이 좀 더 나이에 따른 상하관계가 엄격한 것 같습니다. 처음 만났을 때 혹은 아직 만난 지 얼마 되지 않았을 때 나이를 물어보면서, 상대방과의 관계를 따지려고 하는 것은 한국 문화를 잘 모르는 일본인이 깜짝 놀라는 일 중에 하나입니다. 물론 한국인이라도 개인차 및 세대차가 있습니다만, 일반적으로 여성보다 남성에게 이런 경향이 더욱 현저합니다. 일본에서는 같은 학년(그 해의 4월 생부터 다음 해의 3월 생까지)의 사람에게는 대등한 의식을 갖고 있기 때문에, 같은 해에 태어났는데도 '몇 월 생'이냐고 물어보고, '내가 오빠네'라고 농담이 아닌 진지하게 말할 때는 놀라는 사람이 많다고 합니다.

韓国も日本も欧米に比べれば年齢を気にする文化ですが、韓国のほうが年齢に基づいて[113]の上下関係がよりはっきりしています。初対面、または知り合ってすぐに年齢を聞いて、相手との関係を測ろうとするのは、韓国の文化を知らない日本人にとっては驚かされることの一つです。もちろん韓国人にも個人差や年代差がありますが、一般的には女性より男性にこの傾向が顕著なようです。日本では、同じ学年(その年の4月生まれから次の年の3月生まれまで)の人に対して[114]は、対等という意識を持つので、同じ年に生まれたと知って、「何月生まれ?」と聞かれ、「私のほうがお兄さんだね」などと、冗談でなく真顔で言われたときにはびっくりする人が多いようです。

70 가게 간판에…
店の看板に…

한국이나 일본이나 맛있는 가게는 텔레비전과 잡지에 소개되고, 그 중에는 줄을 지어 기다리는 가게도 있습니다. 그런데 가게 입구를 보면 조금 다른 광경을 보게 됩니다. 한국의 식당 중에는 입구나 간판에 식당 주인의 얼굴 사진이 커다랗게 붙어 있는 경우가 있습니다. 일본에서는 이런 경우는 없습니다. 일본에도 '○○에서 소개된 가게'라고 입구에서 선전하기도 하고, 잡지에 실린 사진을 입구의 메뉴판 구석 등에 붙여 두는 일은 있습니다만, 식당 주인의 사진을 커다랗게 거는 일은 없습니다. 겸손이 미덕이라는 문화 속에서 자라난 일본인 중에는 '너무 지나치게 선전하는 거 아닌가?', '상당히 자신이 있나 보네'라고 생각하는 사람도 있는 듯합니다만, 본인의 가게에 대해 자신감 있고 당당한 모습은 부럽기도 합니다.

韓国でも日本でもおいしい食堂はテレビや雑誌で取り上げられ[115]、中には列を作って並ぶお店もあります。しかし、店の入り口を見ると異なる光景に気がつく[116]でしょう。韓国の食堂の中には、入り口や店頭に店主の写真の看板が掲げられている店があります。これは日本ではまず見られません。日本でも「○○で取り上げられた店」などと入り口で宣伝したり、雑誌に載った写真を入り口のメニューの端などに貼り付けることはありますが、店主の写真を大きく外に飾ることはありません。謙遜を美徳とする文化で育った日本人の中には「宣伝しすぎじゃない?」とか「ずいぶん自信があるんだな」と思う人もいるようですが、自分の店に自信を持ち、堂々としている姿は羨ましくも感じられます。

문형사전 116

001 ～ようがない　　　p.009

他界してしまった父の心の内はもはや知りようがありません。
이미 타계하신 아버지의 속마음은 도저히 알 도리가 없습니다.

このレストランは料理もおいしいしサービスも最高だ。何から何まで文句の付けようがない。
이 레스토랑은 음식도 맛있고, 서비스도 최고다. 모든 점에서 도저히 불평할 것이 없다.

会議中だったので連絡の取りようがありませんでした。
회의 중이었으므로 연락할 방법이 없었습니다.

002 ～さえ ～ば　　　p.009

大学を卒業しさえすればいい仕事に就けるという時代は終わった。
대학교만 졸업하면 좋은 직장에 취직할 수 있는 시절은 끝났다.

準備は整っているので会場に行きさえすればいいですよ。
준비는 모두 되었으므로 회장에 가기만 하면 됩니다.

003 ～ようになる
p.011

最近(さいきん)、将来(しょうらい)のことを真剣(しんけん)に考(かんが)えるようになった。
최근에 장래에 관하여 진지하게 생각하게 되었다.

簡単(かんたん)な設定(せってい)をすればインターネットが使(つか)えるようになります。
간단한 설정을 하면 인터넷을 사용할 수 있게 됩니다.

004 ～うえに
p.011

彼(かれ)はミュージシャンであるうえに俳優(はいゆう)としての才能(さいのう)も認(みと)められ、映画(えいが)に出演(しゅつえん)した。
그는 뮤지션이면서 또한 배우로서의 재능도 인정받아서 영화에 출연하였다.

彼女(かのじょ)は知的(ちてき)なうえに愛嬌(あいきょう)があっておもしろい。
그녀는 지적이면서 또한 애교가 있어서 재미있다.

今日(きょう)は気温(きおん)が低(ひく)いうえに風(かぜ)も強(つよ)いので一層寒(いっそうさむ)く感(かん)じる。
오늘은 기온이 낮고 게다가 바람도 강해 한층 더 춥게 느껴진다.

문형사전 116

005 〜ように　　p.013

彼女は魔法のように姿を消してしまった。
그녀는 마법처럼 모습을 감추어버렸다.

バケツをひっくり返したように激しい雨が降り出した。
양동이로 쏟아 붓는 것처럼 폭우가 내리기 시작했다.

机の上の人形は音に反応してまるで生きているように動く。
책상 위의 인형은 소리에 반응하여 마치 살아 있는 것처럼 움직인다.

006 〜はもちろん　　p.013

最近のゲームは子供はもちろん大人も楽しめるものが多い。
요즘 게임은 아이는 물론 어른도 즐길 수 있는 것이 많다.

ボランティアで訪問した村には電気はもちろん水道もありませんでした。
자원봉사를 하러 방문한 마을에는 전기는 물론 수도도 없었습니다.

007 ～ならでは p.015

このキッチンは女性ならではの発想で設計されている。
이 부엌은 여성만이 할 수 있는 발상으로 설계되어 있다.

旅行の楽しみの一つはその土地ならではの郷土料理を楽しむことです。
여행의 즐거움 중 하나는 그 지역만의 향토요리를 즐기는 것입니다.

結婚式は教会で挙げ、お葬式はお寺で行うというのは日本ならではだ。
결혼식은 교회에서 올리고, 장례식은 절에서 하는 것은 일본만의 풍습이다.

008 目を見張る p.017

新しい薬が糖尿病の治療に目を見張る効果を上げた。
새로운 약이 당뇨병 치료에 깜짝 놀랄만한 효과를 나타냈다.

坂道を登ると目を見張るような美しい景色が広がっていました。
언덕길을 올라갔더니 깜짝 놀랄만한 아름다운 경치가 펼쳐져 있었습니다.

문형사전 116

009 〜ばかりか　　　p.017

その事件は国内ばかりか海外でもニュースになった。
그 사건은 국내뿐 아니라 해외에서도 뉴스가 되었다.

海苔はたんぱく質やカルシウムなどの栄養が豊富なばかりかカロリーも低い。
김은 단백질과 칼슘 등의 영양이 풍부할 뿐만 아니라 칼로리도 낮다.

アルコール依存症は本人の健康を害するばかりか家庭崩壊の原因にもなる。
알코올 의존증은 본인의 건강을 해칠 뿐 아니라 가정 붕괴의 원인도 된다.

010 〜とは　　　p.019

「健康」とは肉体的にも精神的にも満たされた状態のことだ。
'건강'이란 육체적으로나 정신적으로 충족된 상태를 말한다.

あなたにとって「成功」とは何ですか。
당신에게 있어서 '성공'이란 무엇입니까?

011 〜べき　　　　　　　　　　　　　　　　p.019

契約(けいやく)するかどうかは慎重(しんちょう)に考(かんが)えてから決(き)めるべきだ。

계약할지 여부는 신중하게 생각한 후에 결정해야 한다.

家庭(かてい)の問題(もんだい)に他人(たにん)が口(くち)を出(だ)すべきではないと思(おも)います。

가정문제에 다른 사람이 참견해서는 안 된다고 생각합니다.

012 〜(を)あげて　　　　　　　　　　　　　p.019

少子化(しょうしか)は国(くに)をあげて解決(かいけつ)しなければならない問題(もんだい)だ。

저출산은 국가 차원에서 해결해야 하는 문제이다.

現在(げんざい)、全社(ぜんしゃ)をあげて決済(けっさい)システムのIT化(か)を進(すす)めています。

현재 회사 차원에서 결제 시스템의 IT화를 진행하고 있습니다.

地域住民(ちいきじゅうみん)の総力(そうりょく)をあげて観光地(かんこうち)の開発(かいはつ)に取(と)り組(く)んでいる。

지역 주민이 총력을 기울여서 관광지 개발에 힘쓰고 있다.

문형사전 116

013 ～にとって　　p.021

スポーツ選手にとって怪我は最大の敵であると言える。
스포츠 선수에게 있어서 부상은 최대의 적이라고 할 수 있다.

犬のコロは私たちにとっては家族も同然です。
(우리 집) 개 '코로'는 우리들에게 있어 가족과 마찬가지입니다.

014 物足りない　　p.021

料理をすべて食べ終わったのに少し物足りない気がする。
음식을 전부 다 먹었는데도 조금 부족한 느낌이 든다.

この絵は技術的には優れているが何か物足りない。
이 그림은 기술적으로는 우수하지만, 무언가 부족하다.

015 仕切る   p.023

大きな会議室を二つに仕切って一方を控室に利用した。
큰 회의실을 2개로 구분하여, 한쪽을 대기실로 이용하였다.

普段は仕切られていますが、ふすまを外せば大きな部屋として使えます。
평상시에는 구분되어 있습니다만, 문을 떼면 커다란 방으로 사용할 수 있습니다.

今回のイベントは計画を立てた私が仕切ることになった。
이번 이벤트는 계획을 세운 내가 주도하게 되었다.

016 〜なんて   p.023

ブランドのバッグなんて私には似合わないわ。
명품 가방이라니 나에게는 안 어울려요.

自分のことが嫌いだなんて言わないでください。
자기 자신이 싫다니, 그런 말 하지 마세요.

専業主婦がこんなにも忙しいなんて思ってもみなかった。
전업주부가 이렇게나 바쁘다니 생각지도 못했다.

017 ～に比べれば　　　　　　　　　　　　p.025

一時期に比べれば農産物の価格が安定してきた。
한창때에 비교하면 농산물의 가격이 안정되었다.

母に比べれば私の苦労など何でもありません。
엄마에 비하면 제 고생은 아무것도 아닙니다.

018 さすが　　　　　　　　　　　　　　　p.025

タオルやシーツも高級なものを使っていてさすが一流ホテルだと思った。
수건이나 시트도 고급스러운 것을 사용하고 있어서, 역시 일류 호텔이라고 생각했다.

本田さん、今日の試合で４点もゴールしたんですよ。さすがキャプテンですよね。
혼다 씨, 오늘 시합에서 4점이나 골을 넣었어요. 역시 캡틴(주장)이네요.

019 ～てあれば　　p.027

事前に登録してあれば空港の自動化ゲートを利用することができる。
사전에 등록해두면 공항의 자동출입국심사를 이용할 수 있다.

一度過熱してあれば食中毒の心配はないでしょう。
한 번 가열해두면 식중독 걱정은 없겠지요.

冷蔵庫に入れてあれば賞味期限は関係ないと思っている人がいる。
냉장고에 넣어두면 유통기한은 상관없다고 생각하는 사람이 있다.

020 ～につき　　p.027

この本を来月までに翻訳するには一日につき30ページは進めなければならない。
이 책을 다음 달까지 번역하려면 하루에 30페이지는 진행해야 한다.

このスピーチ大会では制限時間を超えると10秒につき1点減点されます。
이 스피치 대회에서는 제한시간을 넘기면 10초당 1점 감점됩니다.

문형사전 116

021 〜をはじめ（として） p.029

本日の総会には社長をはじめとしてすべての役員が出席する予定だ。
오늘 총회에는 사장을 비롯하여 모든 임원이 출석할 예정이다.

この食品にはカルシウムをはじめたくさんの栄養素が含まれている。
이 식품에는 칼슘을 비롯하여 많은 영양소가 포함되어 있다.

022 目当て p.029

財産を目当てに実業家と結婚したのではないかと言われて彼女は傷ついた。
재산을 노리고 재력가와 결혼한 것이 아니냐는 말을 듣고 그녀는 상처받았다.

早めに店に行ったが、目当ての品は既に売り切れていた。
서둘러 가게에 갔지만, 사려고 생각했던 물건은 이미 다 팔리고 없었다.

023 〜について p.031

電磁波(でんじは)が細胞(さいぼう)に与(あた)える影響(えいきょう)について研究(けんきゅう)している。
전자파가 세포에 미치는 영향에 관해 연구하고 있다.

スマホやインターネットの使(つか)い方(かた)についてみんなで話(はな)し合(あ)いましょう。
스마트폰과 인터넷의 사용방법에 관하여 모두 이야기해 봅시다.

024 〜からこそ p.031

今(いま)だからこそ笑(わら)って話(はな)せますが、会社(かいしゃ)を辞(や)めた当時(とうじ)は不安(ふあん)でいっぱいでした。
지금이니까 웃으면서 이야기할 수 있지만, 회사를 그만두었을 당시에는 불안하기만 했습니다.

実現(じつげん)するのが困難(こんなん)だからこそ挑戦(ちょうせん)する価値(かち)があると思(おも)う。
실현하는 것이 곤란하니까, 그만큼 도전할 가치가 있다고 생각한다.

親(おや)は子供(こども)がかわいいからこそ厳(きび)しく叱(しか)ることもあるのです。
부모는 아이가 귀여우니까, 오히려 엄하게 꾸짖는 일도 있는 것입니다.

문형사전 116

025 ～つつある   p.033

モバイル機器の発展により仕事のし方が変わりつつある。
모바일 기기의 발전에 따라 일하는 방법이 바뀌고 있다.

政治家による不正が次々と明らかになり、国民の不満が高まりつつある。
정치인의 부정이 잇달아 밝혀져서 국민의 불만이 높아지고 있다.

026 出前   p.033

昼は近くの牛丼屋から出前を取って食べることにした。
점심은 근처의 소고기 덮밥집에서 배달해서 먹기로 했다.

あのそば屋は一人前でも出前してくれる。
저 메밀국수집은 1인분이라도 배달해준다.

027 手を焼く   p.035

反抗期の生徒に担任の教師はほとほと手を焼いた。
반항기의 학생에게 담임 교사는 여러 가지로 애를 먹었다.

このパソコンは故障が多くて手を焼いています。
이 컴퓨터는 고장이 잦아서 애를 먹고 있습니다.

028 反面   p.037

このチームは攻撃力が最大の強みである反面、守りに課題がある。
이 팀은 공격력이 최대 강점인 반면에 수비에 문제가 있다.

父は日ごろは穏やかな反面、怒ると非常に怖い。
아버지는 평상시에는 온화한 반면에 화가 나면 굉장히 무섭다.

この服の素材は水に強い反面、熱には弱い。
이 옷의 소재는 물에는 강한 반면에 열에는 약하다.

문형사전 116

029 見かける
p.037

最近、禁煙を訴えるポスターを街でよく見かける。
최근에 금연을 호소하는 포스터를 거리에서 자주 보게 된다.

高橋さんを見かけたら、私のところに来るように伝えてください。
다카하시 씨를 보면 저에게 오라고 전해 주세요.

030 〜にわたって/〜にわたり
p.039

本研究チームは30年以上の長期にわたって天気と消費の関係を調査してきた。
본 연구팀은 30년 이상 장기간에 걸쳐서 날씨와 소비의 관계를 조사해 왔다.

今回の台風は九州全域にわたって被害を及ぼした。
이번 태풍은 규슈지방 전역에 걸쳐서 피해를 주었다.

部長には公私にわたり、お世話になっています。
부장님에게는 공적, 사적으로 두루두루 신세를 지고 있습니다.

031　～にまつわる　　p.039

天体望遠鏡で星を観察しながら星座にまつわる話を聞いた。
천체망원경으로 별을 관찰하면서 별자리와 관련된 이야기를 들었다.

ラジオ番組で桜にまつわるエピソードを募集している。
라디오 방송에서 벚꽃과 관련된 에피소드를 모집하고 있다.

032　繰り下げる/繰り上げる　　p.039

悪天候により野外コンサートの開演時間を30分繰り下げることにした。
악천후 때문에 야외 콘서트의 공연 시작 시간을 30분 늦추기로 했다.

図書館へ資料を受け取りに来られない時は、予約の順位を繰り下げることができます。
도서관에 자료를 받으러 오지 못할 때는 예약 순위를 늦출 수 있습니다.

父の誕生日は明日だが、一日繰り上げて今日パーティーをする。
아버지의 생신은 내일이지만, 하루 당겨서 오늘 파티를 한다.

033 ～のみならず　　　　　　　　　　　　　　　　　　p.039

小学校の運動会には生徒や父兄のみならず、地域の住民も参加する。
초등학교 운동회에는 학생과 학부형뿐만 아니라 지역주민도 참가한다.

彼は有名な物理学者であるのみならず、たくさんの芸術作品を残した。
그는 유명한 물리학자일 뿐만 아니라 많은 예술작품을 남겼다.

長時間スマホを使うと、視力が落ちるのみならず脳も疲労するそうだ。
장시간 스마트폰을 사용하면 시력이 떨어질 뿐만 아니라 뇌도 피로해진다고 한다.

034 思いもよらぬ/思いもよらない　　　　　　　　　　　p.041

初めて投稿した小説が文学賞に選ばれるとは思いもよらなかった。
처음으로 투고한 소설이 문학상에 선정될 줄은 생각도 못했다.

先日、高校時代の旧友と思いもよらぬ場所で再会した。
얼마 전 고등학교 시절의 옛 친구와 생각지도 못한 장소에서 재회했다.

本大会は初出場のチームが優勝するという思いもよらぬ結果で幕を閉じた。
이번 대회는 처음 출전한 팀이 우승하는 생각지도 못한 결과로 막을 내렸다.

035 〜ことなく　　　　　　　　　　　　p.041

二人(ふたり)は同(おな)じ会議(かいぎ)には参加(さんか)したが、一言(ひとこと)も言葉(ことば)を交(か)わすことなくその場(ば)を立(た)ち去(さ)った。
두 사람은 같은 회의에는 참가했지만, 서로 한마디도 하지 않고 그 자리를 떠났다.

この橋(はし)の設計者(せっけいしゃ)は完成(かんせい)した橋(はし)を見(み)ることなくこの世(よ)を去(さ)ってしまった。
이 다리의 설계자는 완성한 다리를 보지 못하고 이 세상을 떠나버렸다.

父(ちち)はためらうことなく真実(しんじつ)を語(かた)った。
아버지는 주저하지 않고 진실을 이야기했다.

036 相性(あいしょう)　　　　　　　　　　　　p.043

四番(よばん)バッターの斉藤(さいとう)は、相手(あいて)チームの投手(とうしゅ)とはどうも相性(あいしょう)が悪(わる)いようだ。
4번 타자인 사이토는 상대팀 투수와는 아무래도 잘 안 맞는 것 같다.

大勢(おおぜい)の中(なか)から一番(いちばん)相性(あいしょう)がいい相手(あいて)をコンピュータが選(えら)んでくれる。
많은 사람 중에서 제일 잘 맞는 상대방을 컴퓨터가 골라준다.

037 ～に決まっている　p.043

彼は海外での商談の経験が多いと言っていたが、どうせ出任せに決まっている。
그는 해외에서의 무역 교섭 경험이 많다고 말했지만, 어차피 허풍일 것임에 틀림없다.

毎日徹夜したとしても今週中に作品を完成させるのは無理に決まっている。
매일 철야한다고 해도 이번 주 중으로 작품을 완성시키는 것은 무리임에 틀림없다.

駅に近くて新築の物件なんだから家賃が高いに決まってるよ。
역에서 가깝고 신축 건물이라 월세가 비쌀 것임에 틀림없어.

038 苦もなく　p.045

クラスの誰も解けなかった難問を彼は何の苦もなく解いてみせた。
반에서 아무도 풀지 못한 어려운 문제를 그는 아무런 어려움도 없이 풀어냈다.

禁煙は大変だと聞いていたが、私は苦もなくたばこをやめることができた。
금연은 힘들다고 들었는데, 나는 어려움 없이 담배를 끊을 수 있었다.

039 〜というわけだ
p.045

引退を前にした3年生にとって、この大会が最後のチャンスというわけだ。
은퇴를 앞둔 3학년에게는 이 대회가 마지막 기회인 것이다.

重要なデータは複数バックアップしておけば安心というわけだ。
중요한 데이터는 여러 개 백업해두면 안심될 것이다.

あれこれ説明するより実物を見てもらうのが一番手っ取り早いというわけです。
이것저것 설명하는 것보다 실물을 보는 것이 제일 간단합니다.

040 〜とはいえ
p.047

家族とはいえお互いのプライバシーは尊重しなければならない。
가족이라고 해도 서로의 프라이버시는 존중해주어야 한다.

新入社員が率先して動くのが当たり前だとはいえ、何もかも彼らに押し付けるのはよくない。
신입사원이 솔선하여 일하는 것이 당연하다고는 해도 뭐든지 그들에게 미루는 것은 좋지 않다.

문형사전 116

041 〜に越（こ）したことはない　　p.047

巧妙（こうみょう）な詐欺（さぎ）が増（ふ）えているから用心（ようじん）するに越したことはない。
교묘한 사기가 늘고 있으니 조심하는 것이 최선이다.

何事（なにごと）も最後（さいご）は体力勝負（たいりょくしょうぶ）だから体（からだ）は丈夫（じょうぶ）に越したことはない。
무슨 일이든지 마지막에는 체력 싸움이니까 몸이 건강한 게 최고다.

漢字（かんじ）は書（か）けるに越したことはないが、まずは意味（いみ）が把握（はあく）できることが重要（じゅうよう）だ。
한자는 쓸 수 있는 것이 최고지만, 먼저 의미를 파악할 수 있는 것이 중요하다.

042 気恥（きは）ずかしい　　p.049

妻（つま）に面（めん）と向（む）かって感謝（かんしゃ）の気持（きも）ちを伝（つた）えるのは気恥（きは）ずかしい。
아내의 얼굴을 보고 감사의 마음을 전하는 것은 왠지 부끄럽다.

自分（じぶん）が書（か）いた詩（し）が朗読（ろうどく）されて何（なん）となく気恥（きは）ずかしかった。
내가 쓴 시가 낭독되어서 왠지 부끄러웠다.

大学生（だいがくせい）にもなって母（はは）に「マコちゃん」と呼（よ）ばれるのは気恥（きは）ずかしい。
대학생이나 되어서 엄마에게 '마코짱'이라고 불리는 것은 왠지 부끄럽다.

043 　気に入る　　　　　　　　　　　　　　　　　　　　　p.049

この財布、手触りがいいですね。きっと主人も気に入ると思います。
이 지갑, 감촉이 좋네요. 남편도 분명히 마음에 들 거라고 생각합니다.

旅行先の市場にあった美しいカーペットが一目で気に入ってしまった。
여행지의 시장에 있었던 아름다운 카펫이 한눈에 마음에 들었다.

店長は面接に来た学生の口数が少ないところが気に入ったらしい。
점장은 면접에 온 학생의 말수가 적은 점이 마음에 들었던 것 같다.

044 　～一方(で)　　　　　　　　　　　　　　　　　　　p.051

ヨーロッパでは5月1日は夏の訪れを祝う日である一方、労働者の日でもある。
유럽에서 5월 1일은 여름이 오는 것을 축하하는 날인 한편, 노동자의 날이기도 하다.

部長は仕事熱心な一方で、家族との時間も大切にしている。
부장님은 일에 열심인 한편, 가족과의 시간도 소중히 하고 있다.

医療技術の発展が著しい一方で、単純な医療事故が後を絶たない。
의료기술의 발전이 눈부신 한편, 단순한 의료사고가 끊이질 않는다.

문형사전 116

045 打ち込む
p.051

まずは全力で目の前のことに打ち込むことが大切だ。

먼저 전력을 다해 눈앞의 일에 열중하는 것이 중요하다.

我々は寝食を忘れて新製品の開発に打ち込んだ。

우리들은 먹고 자는 것도 잊고 신제품 개발에 열중했다.

046 切り盛りする
p.053

決して高くない父の給料で母は賢く家計を切り盛りしてきた。

결코 많지 않은 아버지의 월급으로 어머니는 현명하게 가계를 꾸려왔다.

若い店長がたった一人で店を切り盛りしている。

젊은 점장이 겨우 혼자 가게를 꾸리고 있다.

047 ～に関わらず
p.053

購入金額の多少に関わらず、お買い物の商品をご自宅までお届けします。
구입 금액의 많고 적음에 관계없이 구입한 상품을 자택까지 배달해드립니다.

成績の良し悪しに関わらず、やる気がある誠実な人材を求めます。
성적이 좋고 나쁨에 관계없이 의욕이 있는 성실한 인재를 구합니다.

あの店は曜日や時間に関わらず、いつも行列ができている。
저 가게는 요일이나 시간에 관계없이 언제나 줄을 서서 기다린다.

048 至難の業
p.053

30年もの間、一度も休まず連載を続けるということは至難の業だ。
30년 동안이나 한번도 쉬지 않고 연재를 계속한다는 것은 지극히 어려운 일이다.

原作の壮大な世界観を映像化するのは至難の業だ。
원작이 장대한 세계관을 영상화하는 것은 극히 어려운 작업이다.

たった一週間で新しい証人を探し出すのは至難の業だった。
단 일주일 동안 새로운 증인을 찾아내는 것은 극히 어려운 일이다.

문형사전 116

049 ～といったところだ　　p.053

このペースだと完成まであと2週間といったところだろう。
이 속도라면 완성까지 앞으로 2주일남았다고 할 수 있을 것이다.

日本のお正月の遊びと言えば、独楽回し、凧揚げ、はねつきといったところだ。
일본의 설날 놀이라고 하면 팽이 돌리기, 연날리기, 깃털 치기라고 할 수 있다.

会社の待遇はよくもなければ悪くもないといったところだ。
회사의 대우는 좋지도 않지만 나쁘지도 않다고 할 수 있다.

050 ～から見ると/～から見て　　p.055

栄養士の立場から見ると朝食を食べない子供が増えているのがとても心配だ。
영양사의 입장에서 보면 아침밥을 먹지 않는 아이가 늘고 있는 것이 무척 걱정이다.

外国人から見ると日本人の桜好きは特殊なものらしい。
외국인의 눈으로 보면 일본인의 벚꽃 사랑은 특별한 것 같다.

最近の記録から見て、彼がオリンピックでメダルを獲得する可能性は充分にある。
최근 기록으로 보면 그가 올림픽에서 메달을 획득할 가능성은 충분히 있다.

051 言い切れない　p.055

この薬が間違って服用された可能性が全くないとは言い切れない。
이 약이 잘못 복용되었을 가능성이 전혀 없다고 단정할 수는 없다.

教師の判断が必ずしも正しいとは言い切れない。
교사의 판단이 반드시 옳다고는 단정할 수 없다.

記憶があやふやなので、はっきり言い切ることができません。
기억이 애매하므로 분명하게 단정할 수 없습니다.

052 ～ざるを得ない　p.057

本意ではないが、会議の結論に従わざるを得なかった。
본심은 아니지만 회의의 결론에 따르지 않을 수 없었다.

くやしいけれど、彼のほうが優れていることを認めざるを得ない。
분하지만 그가 더 뛰어나다는 것을 인정하지 않을 수 없다.

お話ししたいことはたくさんありますが、時間が限られているので割愛せざるを得ません。
이야기할 것은 많이 있습니다만, 시간이 한정되어 있으므로 생략할 수밖에 없습니다.

문형사전 116

053 ～(か)と思いきや
p.061

いつも小説を持ち歩いているので、彼女の専攻は文学かと思いきや意外にも物理学だった。

언제나 소설책을 들고 다녀서 그녀의 전공이 문학인 줄 알았더니 의외로 물리학이었다.

弁当を持参する人は女性が多いかと思いきや、むしろ男性のほうが多かった。

도시락을 지참하는 사람은 여성이 많을 줄 알았는데 오히려 남성이 더 많았다.

議題が多かったので会議が長引くと思いきや、ものの5分で終わった。

의제가 많아서 회의가 길어질 거라고 생각했는데, 단 5분 만에 끝났다.

054 ～に限らず
p.061

ギリシャやローマに限らず、多くの国に古くから語り継がれている神話がある。

그리스나 로마뿐만 아니라 많은 나라에 옛날부터 전해 내려오는 신화가 있다.

人間や動物に限らず、植物にも音を感知する能力があるそうだ。

인간이나 동물뿐만 아니라 식물에도 소리를 감지하는 능력이 있다고 한다.

あの作曲家は映画音楽に限らず、コマーシャルの音楽も手がけている。

저 작곡가는 영화음악뿐만 아니라 광고음악도 관여하고 있다.

055 取り出す　p.063

記者は胸のポケットから小さな手帳とボールペンを取り出した。
기자는 윗옷 주머니에서 작은 수첩과 볼펜을 꺼냈다.

展示用のケースからダイヤモンドの指輪を取り出して見せてくれた。
전시용 케이스에서 다이아몬드 반지를 꺼내어 보여주었다.

056 持ち歩く　p.063

文庫本をかばんに入れて持ち歩き、空いた時間に読書をしている。
문고본을 가방에 넣어 들고 다니며 짬이 날 때 독서를 하고 있다.

彼は母親の写真を肌身離さず持ち歩いていた。
그는 어머니의 사진을 늘 소지하고 다녔다.

クレジットカードはありますが、普段は持ち歩いていません。
신용카드는 있습니다만, 평상시에는 가지고 다니지 않습니다.

문형사전 116

057 あえて p.065

上司の発言に疑問を感じたが、私はあえて口に出さなかった。
상사의 발언에 의문을 품었지만, 나는 굳이 입 밖에 내지 않았다.

私は、経営者として成功した父とはあえて違う道を選び、芸術家を目指した。
나는 경영자로서 성공한 아버지와는 일부러 다른 길을 선택하여 예술가를 목표로 하였다.

あえて言うけど、彼との結婚、もう一度考えたほうがいいんじゃない？
일부러 한 번 더 말하는데, 그와의 결혼을 한 번 더 생각하는 편이 좋지 않겠어?

058 気を使う p.065

お客様相手の仕事なので身だしなみには気を使っています。
손님을 상대로 하는 일이므로 용모단정에는 신경을 쓰고 있습니다.

健康診断で血圧が高いと言われて食事に気を使うようになった。
건강검진에서 혈압이 높다는 이야기를 들어서 식사에 신경 쓰게 되었다.

相手に気を使いすぎて疲れてしまうことがあります。
상대방에게 너무 신경을 써서 지쳐버리는 경우가 있습니다.

059 おそらく
p.067

彼女がクラスで孤立していたことを、おそらく担任の教師は知らなかっただろう。
그녀가 반에서 고립되어 있었다는 것을 아마도 담임 교사는 몰랐을 것이다.

父を超えることは、おそらく一生かけても無理でしょう。
아버지를 넘어서는 것은 아마도 일평생 걸려도 무리겠죠.

彼はおそらく昨夜一睡もせずにこの提案書を仕上げたのだろう。
그는 아마도 지난밤 한숨도 자지 않고 이 제안서를 완성했을 것이다.

060 ピンとくる
p.067

結婚生活の秘訣について語られても、高校生の私にはピンとこなかった。
결혼생활의 비결에 대한 이야기를 들어도 고등학생인 나는 감이 오지 않았다.

二人の様子を見て「何かあったな」とピンときた。
두 사람의 모습을 보고 '무슨 일이 있었네'라고 감이 왔다.

オーディションをしたが、ピンとくる応募者が一人もいなかった。
오디션을 했지만, 감이 오는 응모자는 한 사람도 없었다.

문형사전 116

061 とか p.069

高橋くんと小川さんは兄と妹のように仲がいい。二人は幼稚園の頃からの幼なじみだとか。

다카하시와 오가와는 오빠와 여동생처럼 사이가 좋다. 두 사람은 유치원 때부터 소꿉친구라고.

幼少期をヨーロッパで過ごされたので、先生は英語とフランス語が堪能だとか。

유년기를 유럽에서 보내셨기 때문에 선생님은 영어와 프랑스어가 능숙하다고.

この観葉植物に花が咲くのは非常に珍しいとか。

이 관엽식물에 꽃이 피는 것은 매우 드문 일이라고.

062 身につける p.069

量販店で買った服でも彼女が身につけると上等なものに見える。

대형마트에서 산 옷이라도 그녀가 입으면 고급스럽게 보인다.

アクセサリーを身につけることは校則で禁止されている。

액세서리를 착용하는 것은 교칙으로 금지되어 있다.

ホテルでは洗練された接客マナーを身につけることが要求される。

호텔에서는 세련된 접객 매너를 익히는 것이 요구된다.

063 ～(よ)うとしたら

アイスクリームを買って歩きながら食べようとしたら母に叱られた。
아이스크림을 사서 걸으면서 먹으려고 했더니 엄마한테 혼났다.

海外のホテルではシャワーを浴びようとしたらお湯が出ないということがある。
해외 호텔에서 샤워를 하려고 했더니, 뜨거운 물이 안 나오는 경우도 있다.

思いついてメールを送ろうとしたら、その相手から電話がかかってきた。
생각나서 메일을 보내려고 했더니, 마침 그 상대방으로부터 전화가 걸려왔다.

064 ～ということだ

彼女の婚約者は医者の卵だということだ。
그녀의 약혼자는 의사가 될 사람이라고 한다.

航空券は手数料を払えば出発便の変更が可能だということだ。
항공권은 수수료를 지불하면 출발 편의 변경이 가능하다고 한다.

締め切りが迫ってくると徹夜で作業することも多いということです。
마감이 닥쳐오면 밤샘 작업을 하는 경우도 많다고 합니다.

문형사전 116

065 〜ながら(も) p.073

日本人でありながらも日本の伝統文化について知らないことが多い。
일본인이지만 일본의 전통문화에 관해서 모르는 것이 많다.

店の売り上げがわずかながらも上向きになってきた。
가게의 매상이 약간이지만 오르기 시작했다.

小さいながらも自分の家を建てることができた。
작지만 자신의 집을 지을 수 있었다.

066 〜なり p.073

今後のプロジェクトの進め方について私なりにもう一度考えてみました。
앞으로의 프로젝트 진행 방법에 관하여 내 나름대로 한 번 더 생각해보았습니다.

娘は絵が下手なりに一生懸命私の似顔絵を描いてくれた。
딸아이는 그림을 못 그리는 대로 열심히 내 초상화를 그려주었다.

仕事が忙しいなら忙しいなりの余暇の楽しみ方があるのではないか。
일이 바쁘면 바쁜 대로 여가를 즐기는 방법이 있지 않을까.

067 ～ものの　　　　　　　　　　　　　　　p.075

彼はアマチュアではあるものの、プロ並みの技術を持っている。
그는 아마추어지만 프로급의 기술을 가지고 있다.

担当部署の業績は好調なものの、会社全体では経営不振だ。
담당 부서의 업적은 순조롭지만, 회사 전체로는 경영부진이다.

この店においてあるワインは種類は少ないものの、厳選されたものばかりだ。
이 가게에 있는 와인의 종류는 적지만 엄선된 것들뿐이다.

068 心地よい　　　　　　　　　　　　　　p.075

冷え込んだ夜は布団の温かさが一層心地よく感じられる。
몹시 추운 밤에는 이불의 따뜻함이 한층 기분 좋게 느껴진다.

素足になって芝生の心地よい感触を楽しんだ。
맨발로 잔디의 기분 좋은 감촉을 즐겼다.

春の風に乗って聞こえてくるウクレレの演奏が耳に心地よい。
봄바람에 실려 들려오는 우쿨렐레의 연주가 듣기 좋다.

문형사전 116

069 手ごろだ
p.077

手作業で作られた革製品が手ごろな価格で販売されている。
수작업으로 만들어진 가죽제품이 적당한 가격으로 판매되고 있다.

この家は新婚夫婦が住むには手ごろな大きさだ。
이 집은 신혼부부가 살기에 적당한 크기이다.

この折りたたみ傘は小さくて軽いので携帯するのに手ごろだ。
이 접는 우산은 작고 가벼워서 휴대하기에 적당하다.

070 〜(か)と思ったら/〜(か)と思うと
p.079

課長は電話を片手に立ち上がったかと思うと、事務所を飛び出していった。
과장님은 전화를 한 손에 들고 일어서자마자 사무실을 뛰쳐나갔다.

窓際で物音がしたかと思ったら、突然青い鳥が飛び込んできた。
창가에서 소리가 난다고 생각한 순간 갑자기 새가 날아 들어왔다.

さっきご飯を食べ始めたかと思ったら、もう食べ終わっている。
아까 밥을 먹기 시작하자마자 벌써 다 먹었다.

071 〜よね   p.079

今回(こんかい)は私(わたし)が行(い)く必要(ひつよう)はないということですよね。
이번에는 제가 갈 필요가 없다는 거죠?

やはり聞(き)くのと実際(じっさい)に見(み)るのとでは違(ちが)いますよね。
역시 듣는 것과 실제로 보는 것과는 다르네요.

しつこくお願(ねが)いするより彼女(かのじょ)からの返事(へんじ)を待(ま)った方(ほう)がいいですよね。
끈질기게 부탁하는 것보다 여자친구의 답변을 기다리는 게 좋겠네요.

072 たいていの   p.081

たいていの人(ひと)は契約書(けいやくしょ)の文章(ぶんしょう)を詳(くわ)しく読(よ)まないだろう。
대부분의 사람들은 계약서의 문장을 자세히 읽지 않을 것이다.

長(なが)いスピーチはたいていの場合(ばあい)、内容(ないよう)も面白(おもしろ)くない。
긴 연설은 대개의 경우 내용도 재미없다.

073 ～だけのことはある

彼に頼めばたいていの機械は修理してくれる。さすが工学部の学生だけのことはある。

그에게 부탁하면 대부분의 기계는 수리해준다. 역시 공학부 학생인 만큼의 가치가 있다.

ベテランガイドの彼女は突然のコース変更にも慌てなかった。やはり経験豊富なだけのことはある。

베테랑 가이드인 그녀는 갑작스러운 일정 변경에도 당황하지 않았다. 역시 경험이 풍부한 만큼의 가치가 있다.

074 ～ほど

解決しなければならない問題が山ほどある。

해결해야 할 문제가 산 만큼 있다.

東京ドームのコンサートでのファンの熱狂ぶりは異常なほどだった。

도쿄돔 콘서트에서 팬이 열광하는 모습은 정상이 아닐 정도였다.

075 ~くらい/~ぐらい　　　p.085

親戚(しんせき)が全員(ぜんいん)集(あつ)まってもせいぜい10人(にん)ぐらいだ。

친척이 전부 모여도 겨우 10명 정도다.

街(まち)から離(はな)れた田舎(いなか)のパン屋(や)にお客(きゃく)さんが来(く)るのが不思議(ふしぎ)なくらいだ。

시내에서 떨어진 시골의 빵집에 손님이 오는 게 신기할 정도다.

高速道路(こうそくどうろ)で行(い)ってもせいぜい5分(ふん)か10分(ぷん)早(はや)いぐらいでしょう。

고속도로로 가도 겨우 5분이나 10분 빠른 정도일 겁니다.

076 ~における　　　p.087

この物語(ものがたり)における主要人物(しゅようじんぶつ)は冒頭(ぼうとう)ではまだ登場(とうじょう)していない。

이 이야기에서의 주요 인물은 서두에서는 아직 등장하지 않는다.

事業(じぎょう)の失敗(しっぱい)は彼(かれ)の人生(じんせい)における大(おお)きな転換点(てんかんてん)となった。

사업 실패는 그의 인생에 큰 전환점이 되었다.

赤潮(あかしお)は沿岸地域(えんがんちいき)における養殖業(ようしょくぎょう)に大(おお)きな打撃(だげき)を与(あた)えた。

적조는 연안지역의 양식업에 큰 타격을 주었다.

077 ～に限(かぎ)り p.087

小学校入学前(しょうがっこうにゅうがくまえ)のお子様(こさま)に限(かぎ)り、無料(むりょう)となっております。

초등학교 입학 전 아이들에 한해서 무료입니다.

購入後一週間(こうにゅうごいっしゅうかん)に限(かぎ)り、返品(へんぴん)が可能(かのう)です。

구입 후 일주일에 한해서 반품이 가능합니다.

078 ～ずに p.089

最終(さいしゅう)のバスの時間(じかん)に遅(おく)れそうだったので、ろくに挨拶(あいさつ)もせずに退席(たいせき)した。

마지막 버스 시간에 늦을 것 같아서 제대로 인사도 하지 않고 자리를 떴다.

父(ちち)は何(なに)も言(い)わずに黙(だま)って母(はは)と私(わたし)の話(はなし)を聞(き)いていた。

아버지는 아무 말도 하지 않고 가만히 어머니와 나의 이야기를 듣고 있었다.

出張(しゅっちょう)で故郷(こきょう)の街(まち)に行(い)ったが、実家(じっか)に顔(かお)も出(だ)さずに東京(とうきょう)に戻(もど)ってきた。

출장때문에 고향에 갔지만, 집에 얼굴도 내밀지 않고 도쿄로 돌아왔다.

079 ～に加え(て)　　p.091

天性(てんせい)の才能(さいのう)に加(くわ)え人一倍(ひといちばい)の努力(どりょく)により、彼(かれ)はピアノコンクールで優勝(ゆうしょう)した。
타고난 천재일뿐만 아니라 남보다 갑절의 노력으로 그는 피아노 콩쿠르에서 우승했다.

今日(きょう)は普段(ふだん)の授業(じゅぎょう)に加(くわ)えて補講(ほこう)まで受(う)けたので疲(つか)れてしまった。
오늘은 평소 수업뿐만 아니라 보강까지 받아서 지쳐버렸다.

080 取(と)り付(つ)ける　　p.091

収納(しゅうのう)ケースに取(と)っ手(て)を取(と)り付(つ)けて引(ひ)き出(だ)しやすいようにした。
수납 케이스에 손잡이를 달아서 꺼내기 쉽게 만들었다.

マンションの入(い)り口(ぐち)に監視(かんし)カメラが取(と)り付(つ)けられた。
맨션 입구에 감시 카메라가 설치되었다.

事件(じけん)の関係者(かんけいしゃ)に取材(しゅざい)の約束(やくそく)を取(と)り付(つ)けることができた。
사건 관계자에게 취재 약속을 얻어낼 수 있었다.

문형사전 116

081 どちらかというと p.093

私の実家は大金持ちではなかったが、どちらかというと裕福なほうだった。
우리 집은 큰 부자는 아니었지만, 어느 쪽인가 하면 유복한 편이었다.

彼はどちらかというと小柄だが、体は鍛えられていた。
그는 오히려 몸집이 작지만, 몸은 단련되어 있었다.

彼女は地味でおとなしく、どちらかというと目立たない存在だった。
그녀는 수수하고 점잖으며, 오히려 눈에 띄지 않는 존재였다.

082 なんと p.095

いちごはなんと野菜に分類される植物だそうだ。
딸기는 놀랍게도 야채로 분류되는 식물이라고 한다.

この店の月見うどんは一杯なんと100円だ。
이 가게의 쓰키미 우동은 놀랍게도 한 그릇에 100엔이다.

しばらくは気が付かなかったのですが、取引相手がなんと中学校の同級生だったんです。
잠깐 동안 눈치채지 못했지만, 거래처 상대가 놀랍게도 중학교 동급생이었던 것입니다.

083 ましてや

我が家の門限は9時と決まっている。ましてや外泊などはもってのほかだ。
우리 집 통금시간은 9시로 정해져 있다. 하물며 외박 따위는 당치도 않다.

隣の部屋に住んでいる男の人が何をしているのか、ましてやどんな人なのか全く知らなかった。
옆방에 살고 있는 남자가 뭘 하는지, 하물며 어떤 사람인지 전혀 몰랐다.

北海道から出たこともなかったし、ましてや海外留学など考えてもみなかった。
홋카이도에서 나간 적도 없고, 더구나 해외 유학 따위 생각해보지도 않았다.

084 とにかく

最近とにかく忙しくてゆっくり食事をする暇もありません。
최근 좌우간 바빠서 천천히 식사할 여유도 없습니다.

とんぼでも蝶でも、私はとにかく虫が苦手です。
잠자리든 나비든 나는 어쨌든 곤충은 질색입니다.

ガラス細工の繊細さと美しさにとにかく驚きました。
유리공예의 섬세함과 아름다움에 좌우간 놀랐습니다.

085 引き受ける p.099

総務部は社員のための様々な業務を一手に引き受けている。
총무부는 사원을 위한 여러 가지 업무를 단독으로 도맡고 있다.

大学のサークルで会計の役目を引き受けることになった。
대학 동아리에서 회계 임무를 맡게 되었다.

086 ～次第 p.099

この小説がハッピーエンドなのかどうかは読者の解釈次第だ。
이 소설이 해피엔딩인지 아닌지는 독자의 해석에 달렸다.

今回の期末テストの結果次第では部活を辞めなければならないかもしれない。
이번 기말시험 결과에 따라서는 동아리 활동을 그만둬야 할지도 모른다.

白いシャツは組み合わせ次第でいろいろなファッションが楽しめる。
하얀 셔츠는 맞춰 입기에 따라서 여러 가지의 패션을 즐길 수 있다.

087 ～しかない p.101

メンバー全員が集まれるのは土曜日の午前中しかありません。
멤버 전원이 모일 수 있는 때는 토요일 오전밖에 없습니다.

いくら電話しても取らないので、とにかく連絡を待つしかない。
아무리 전화해도 받지 않으니까 어쨌든 연락을 기다릴 수밖에 없다.

独立して事業を始めた当初は何もかも一人でやるしかなかった。
독립해서 사업을 시작했을 당시에는 모든 것을 혼자서 할 수밖에 없었다.

088 手軽だ p.101

昼食はサンドイッチなどの手軽なもので済ませることが多い。
점심은 샌드위치 같은 간단한 것으로 때우는 경우가 많다.

このアプリを使えば動画の編集が誰でも手軽にできます。
이 어플을 사용하면 동영상 편집을 누구나 간단하게 할 수 있습니다.

ホットケーキミックスは材料を混ぜて焼くだけなのでとてもお手軽です。
핫케이크 믹스는 재료를 섞어서 굽기만 하면 되니까 매우 간편합니다.

089 こだわる　　　　　　　　　　　　　　　　　　　p.103

この店は地元で作られた新鮮な野菜を使うなど、素材にこだわった料理を提供する。
이 가게는 이 고장에서 만들어진 신선한 채소를 사용하는 등, 소재를 중시한 요리를 제공한다.

この監督は映像と音楽に徹底的にこだわって作品を作ることで有名だ。
이 감독은 영상과 음악을 철저히 중시한 작품을 만드는 것으로 유명하다.

いつまでも過去にこだわっていては運命を切り開けない。
언제까지나 과거에 얽매여있어서는 운명을 개척할 수 없다.

090 ～はともかく(として)　　　　　　　　　　　p.105

内容はともかく、締め切りまでに原稿を出さなければならない。
내용은 우선 제쳐두고 마감까지 원고를 제출해야 한다.

引き受けてくれるかどうかはともかく、一度彼に頼んでみよう。
맡아줄지 아닐지는 우선 제쳐두고, 그에게 한 번 부탁해보자.

買う買わないはともかくとして、一週間だけ使ってみてください。
살지 안 살지는 제쳐두고 우선 일주일만 사용해 보세요.

091 ～まま

二人は無言の**まま**しばらく見つめ合っていた。
두 사람은 아무 말도 하지 않은 채 잠시 서로 바라보고 있었다.

野菜を新鮮な**まま**の状態でできるだけ長く保存したい。
채소를 신선한 상태 그대로 가능한 한 길게 보존하고 싶다.

初恋の思い出はいつまでも美しい**まま**で残しておきたい。
첫사랑의 추억은 언제나 아름다운 채로 남겨두고 싶다.

092 ～てからというもの

お子さんが生まれ**てからというもの**、課長は全然飲みに行かなくなった。
아이가 태어나고 나서 줄곧 과장님은 전혀 술자리에가지 않았다.

不真面目だった彼が、就職し**てからというもの**、人が変わったように真面目に働いている。
불성실했던 그가 취직하고 나서 줄곧 사람이 변한 것처럼 성실히 일하고 있다.

豆が体にいいと聞い**てからというもの**、母は豆の料理ばかり作る。
콩이 몸에 좋다고 듣고 나서 줄곧 어머니는 콩 요리만 만든다.

문형사전 116

093 〜に関する
p.109

部長、今回の人事異動に関してお聞きしたいことがあります。
부장님, 이번 인사 이동에 관해서 여쭙고 싶은 것이 있습니다.

夫婦で店を始めることにしたが、経営に関しては全く知識がなかった。
부부가 가게를 시작하기로 했지만, 경영에 관해서는 전혀 지식이 없었다.

製品の紛失や盗難に関するお問い合わせは受け付けておりません。
제품의 분실과 도난에 관한 문의는 접수하지 않습니다.

094 励む
p.111

彼は毎日欠かさずトレーニングに励んで体力を維持している。
그는 매일 거르지 않고 트레이닝에 힘써서 체력을 유지하고 있다.

日本の高校では多くの生徒がそれぞれの部活動に励んでいます。
일본의 고등학교에서는 많은 학생들이 각자 동아리 활동을 열심히 하고 있습니다.

彼は営業部への異動をきっかけに仕事に励むようになりました。
그는 영업부로의 이동을 계기로 열심히 일하게 되었습니다.

095 感心する　　　p.111

事務の大田さんの机はいつもきれいに整頓されていて感心します。
사무원인 오오타 씨의 책상은 항상 깨끗이 정돈되어 있어 감탄합니다.

子供が火傷をした時の母親の素早い対応に感心してしまった。
아이가 화상을 입었을 때 엄마의 재빠른 대처에 감탄했다.

096 ～とおり(に)/～どおり(に)　　　p.113

このメモのとおりに家具を配置してください。
이 메모대로 가구를 배치해 주세요.

今年の秋の運動会も例年どおり体育の日に行われる。
올 가을 운동회도 예년과 같이 체육의 날에 실시된다.

では、私がやるとおりに手足を動かしてください。
그럼, 내가 하는 대로 손과 발을 움직여 주세요.

문형사전 116

097 〜代わりに　　　p.113

インフルエンザにかかった僕の代わりに弟がバイトに行ってくれた。
인플루엔자에 걸린 나 대신 남동생이 아르바이트를 하러 가 주었다.

本を枕の代わりにして眠ってしまった。
책을 베개 대신으로 삼아 잠들어 버렸다.

今の仕事は勤務時間が不規則な代わりに休暇は取りやすい。
지금 하는 일은 근무시간이 불규칙한 대신에 휴가는 내기 쉽다.

098 〜切る　　　p.115

3カ月バイトして貯めたお金を一週間の旅行で使い切ってしまった。
3개월 아르바이트해서 모은 돈을 일주일 여행으로 전부 써 버렸다.

缶詰は開封したらその日のうちに食べ切ったほうがいい。
통조림은 개봉하면 그 날 안으로 다 먹는 게 좋다.

友だちのことを信じ切っていたので裏切られたときはショックだった。
친구를 완전히 믿고 있었기 때문에 배신당했을 때는 충격이었다.

099 〜として p.117

この世を去ってから芸術家としての価値が認められることもある。
이 세상을 떠난 후에 예술가로서의 가치를 인정받는 경우도 있다.

留学から戻ってきてから、しばらくは英語の教師として働いていた。
유학에서 돌아온 후 잠시 동안은 영어교사로 일했다.

私は100年以上続く和菓子屋の長男として生まれた。
나는 100년 이상 이어온 화과자점의 장남으로 태어났다.

100 〜(も)なしに p.119

本人の許可なしに写真を掲載することはできません。
본인 허가 없이 사진을 게재할 수 없습니다.

私には何の相談もなしに夫は会社を辞めてしまった。
나한테는 아무 상담도 없이 남편은 회사를 그만둬 버렸다.

101 ～によると/～によれば

政府の発表によると、出生率がわずかに上昇したということだ。
정부의 발표에 따르면 출생률이 약간 상승했다고 한다.

先輩の話によれば、面接官から英語で質問されることは少ないそうだ。
선배의 이야기에 따르면 면접관으로부터 영어로 질문받는 경우는 적다고 한다.

聞いたところによると、ヨーロッパでは幼稚園から大学まで無償という国もあるみたいだ。
들은 바에 따르면 유럽에서는 유치원부터 대학까지 무상인 나라도 있는 것 같다.

102 ～せいで

兄のいびきのせいで昨夜は全然眠れなかった。
형의 코 고는 소리 때문에 어젯밤에는 전혀 잘 수 없었다.

私の説明が下手なせいで誤解を与えてしまった。
내 설명이 서툰 탓에 오해를 주고 말았다.

雨が少ないせいで農耕地の土壌が乾き切っていた。
비가 적은 탓에 농경지의 토양이 완전히 말라 있었다.

103 〜というと/〜といえば
p.125

オーストラリアの動物というとコアラやカンガルーを思い浮かべるでしょう。
호주의 동물이라고 하면 코알라와 캥거루를 떠올릴 수 있겠죠.

修学旅行といえばやはり京都、奈良ですね。
수학여행이라고 하면 역시 교토, 나라지요.

科学者というと白衣を着ているイメージがある。
과학자라고 하면 하얀 가운을 입고 있는 이미지가 있다.

104 お目にかかる
p.127

こんなに精巧に作られた城の模型には初めてお目かかりました。
이렇게 정교하게 만들어진 성의 모형은 처음 봤습니다.

韓国ではカラスの群れにはめったにお目にかかりません。
한국에서 까마귀 떼는 좀처럼 볼 수 없습니다.

スペインの市場には日本ではまずお目にかかれない珍しい野菜が並んでいた。
스페인 시장에는 일본에서는 거의 볼 수 없는 진귀한 채소가 진열되어 있었다.

105 〜において　　　　　　　　　　　　　　　p.129

家計簿(かけいぼ)は経済(けいざい)の研究(けんきゅう)において非常(ひじょう)に貴重(きちょう)な資料(しりょう)となる。
가계부는 경제 연구에 있어서 대단히 귀중한 자료가 된다.

子供(こども)の育(そだ)て方(かた)においては夫婦間(ふうふかん)で意見(いけん)の食(く)い違(ちが)いがある。
아이 육아법에 있어서는 부부간에 의견 차이가 있다.

106 〜によって　　　　　　　　　　　　　　　p.129

体(からだ)の特徴(とくちょう)だけでなく性格(せいかく)も遺伝子(いでんし)によって左右(さゆう)されるそうだ。
몸의 특징뿐만 아니라 성격도 유전자에 의해서 좌우된다고 한다.

敬語(けいご)は時(とき)と場合(ばあい)によって使(つか)い分(わ)ける必要(ひつよう)がある。
경어는 때와 경우에 따라서 구별해서 사용할 필요가 있다.

107 身内(みうち)

教会(きょうかい)で結婚式(けっこんしき)を挙(あ)げた後(あと)、レストランで身内(みうち)だけの披露宴(ひろうえん)をしました。
교회에서 결혼식을 올린 후, 레스토랑에서 가족끼리만 피로연을 했습니다.

今年(ことし)は身内(みうち)に不幸(ふこう)があったので年賀状(ねんがじょう)は出(だ)さない。
올해는 집안에 좋지 않은 일이 있었기 때문에 연하장은 보내지 않는다.

108 ありふれた

私(わたし)の家(いえ)は日本(にほん)のどこにでもあるような、ごくありふれたサラリーマン家庭(かてい)だ。
우리 집은 일본 어디에나 있을 법한 극히 평범한 샐러리맨 가정이다.

「ありがとう」というありふれた言葉(ことば)が人間関係(にんげんかんけい)を円滑(えんかつ)にする。
'고마워'라는 흔한 말이 인간관계를 원활하게 한다.

屋根(やね)の雪下(ゆきお)ろしはこの辺(あた)りでは極(きわ)めてありふれた冬(ふゆ)の光景(こうけい)だ。
지붕 눈 치우기는 이 주변에서는 매우 흔한 겨울의 광경이다.

문형사전 116

109 ～よりずっと　　　　　　　　　　　　　　p.133

妻は40歳という実際の年齢よりずっと若く見える。
아내는 40세라는 실제 나이보다 훨씬 젊어 보인다.

食事を自分で作れば外食するよりずっと安上がりだ。
식사를 자신이 직접 만들면 외식하는 것보다 훨씬 싸게 먹힌다.

古い建物だと聞いていましたが、思ったよりずっときれいですね。
오래된 건물이라고 들었는데, 생각보다 훨씬 깨끗하네요.

110 声をかける　　　　　　　　　　　　　　p.133

初対面の人に自分から声をかけるのは苦手だ。
처음 만나는 사람에게 내가 먼저 말을 거는 것은 잘 못한다.

今回は参加できませんが、機会があったらまた声をかけてください。
이번에는 참가하지 못하지만, 기회가 있다면 또 불러 주세요.

チームのメンバーはこれからサーブを打つ選手に声をかけた。
팀의 멤버들은 지금 서브를 넣을 선수에게 말을 건넸다.

111 ～からしたら/～からすると/～からすれば　　p.139

当時(とうじ)小学生(しょうがくせい)だった私(わたし)からしたら、大学生(だいがくせい)のいとこはずいぶん大人(おとな)に見(み)えた。
당시 초등학생이었던 내 입장에서 보면, 대학생 사촌은 몹시 어른처럼 보였다.

被害者(ひがいしゃ)からすれば賠償(ばいしょう)を請求(せいきゅう)するのは当然(とうぜん)だ。
피해자 입장에서 본다면 배상을 청구하는 것은 당연하다.

女性(じょせい)のおしゃべり好(ず)きは男(おとこ)からすると理解(りかい)できないものだ。
여성들이 수다를 좋아하는 것은 남자들의 입장에서 보면 이해할 수 없는 일이다.

112 とりあえず　　p.141

分類(ぶんるい)できない資料(しりょう)はとりあえずこの箱(はこ)に入(い)れてください。
분류할 수 없는 자료는 우선 이 상자에 넣어 주세요.

資格試験(しかくしけん)も重要(じゅうよう)だが、とりあえず今(いま)は来週(らいしゅう)の期末(きまつ)テストの勉強(べんきょう)をしよう。
자격 시험도 중요하지만, 우선 지금은 다음 주 기말시험 공부를 하자.

문형사전 116

113 ～に基づいて／～に基づき　　p.145

これは戦争中に実際に起こったできごとに基づいて作られた物語だ。
이것은 전쟁 중에 실제로 일어난 사건을 기반으로 만들어진 이야기이다.

この劇場の座席は人間工学に基づいて設計されていて長時間座っていても疲れない。
이 극장의 좌석은 인간공학에 기반해서 설계되어 있어 장시간 앉아 있어도 피곤하지 않다.

アンケート調査の結果に基づき、バスの運行時間が変更された。
앙케트 조사 결과를 기반으로 버스의 운행시간이 변경되었다.

114 ～に対して　　p.145

マンションの建設に反対している人々に対しての説明が必要だ。
맨션 건설에 반대하고 있는 사람들에게 설명이 필요하다.

部長は温和な方だが、仕事に対してはとても厳しい。
부장님은 온화한 분이지만, 일에 대해서는 매우 엄하다.

父は、私が大学に進学しないで劇団に入ることに対しては反対しなかった。
아버지는 내가 대학에 진학하지 않고 극단에 들어가는 것에 대해서는 반대하지 않았다.

115 取り上げる p.147

社会現象になったゲームのことが新聞の社説でも取り上げられていた。
사회현상이 된 게임이 신문 사설에서도 거론되고 있었다.

先生は身近な事例を取り上げて、法律についてわかりやすく説明してくれる。
선생님은 가까운 사례를 들어 법률에 대해 이해하기 쉽게 설명해 준다.

116 気がつく p.147

夫は私が髪型を変えたことに全く気がついていないようだった。
남편은 내가 헤어스타일을 바꾼 것을 전혀 눈치채지 못하는 것 같았다.

朝出かける時間になって、シャツのボタンが一つとれているのに気がついた。
아침에 나갈 때가 되어서야 셔츠의 단추 하나가 떨어져 있는 것을 알아챘다.

メールを送信してから文章の間違いに気がついた。
메일을 송신하고 나서 문장에 오류가 있다는 것을 깨달았다.

일본인의 눈으로 본
한일문화비교 70

초판발행	2017년 12월 5일
1판 3쇄	2021년 11월 15일
저자	조남성, 이시이 히로코, 조선영, 이시이 나오미, 키노시타 쿠미코, 김의영
책임 편집	조은형, 무라야마 토시오, 박현숙, 김성은, 손영은
펴낸이	엄태상
마케팅	이상호, 오원택, 이승욱, 전한나, 왕성석
경영기획	마정인, 조성근, 최성훈, 정다운, 김다미, 오희연
물류	정종진, 윤덕현, 양희은, 신승진
펴낸곳	시사일본어사(시사북스)
주소	서울시 종로구 자하문로 300 시사빌딩
주문 및 교재 문의	1588-1582
팩스	0502-989-9592
홈페이지	www.sisabooks.com
이메일	book_japanese@sisadream.com
등록일자	1977년 12월 24일
등록번호	제300 - 1977 - 31호

ISBN 978-89-402-9222-8 13730

* 이 책의 내용을 사전 허가 없이 전재하거나 복제할 경우 법적인 제재를 받게 됨을 알려드립니다.
* 잘못된 책은 구입하신 서점에서 교환해 드립니다.
* 정가는 표지에 표시되어 있습니다.